30.00

musica

Histórias de canções

CHICO BUARQUE

Histórias de canções

CHICO BUARQUE

Wagner Homem

1ª reimpressão

LeYa

Coordenação editorial **Pascoal Soto**
Assessoria editorial **Leonel Prata**
Assistência editorial **Max Gimenes**
Preparação de textos **Fátima Couto**
Revisão de texto **Tulio Kawata**
Capa **Sérgio Campante**
Projeto gráfico e diagramação **Amanda Dafoe**
Foto do autor **Ana Elisa Valente Homem**

Dados Internacionais de Catalogação na Publicação (CIP)
(Câmara Brasileira do Livro, SP, Brasil)

Homem, Wagner
Histórias de canções : Chico Buarque / Wagner Homem. -- São Paulo : Leya, 2009.

ISBN 978-85-62936-02-9

1. Buarque, Chico, 1944- 2. Buarque, Chico, 1944- - Canções e música - História 3. Compositores - Brasil 4. Música popular - Brasil - Letras 5. Músicos - Brasil I. Título.

09-09916 CDD-781.630981

Índices para catálogo sistemático:

1. Canções : Buarque, Chico : Música popular brasileira : História 781.630981

2009

TEXTO EDITORES LTDA.
[Uma editora do grupo Leya]
Av. Angélica, 2163 – Conjunto 175/178
01227-200 – Santa Cecília – São Paulo – SP – Brasil
www.leya.com

Para as minhas Anas, Carolina, Elisa e Luiza.

Sumário

As primeiras canções

O país que viu nascer a nova geração de compositores da MPB (Música Popular Brasileira) saía do governo de Juscelino Kubitschek (1956-1961). Enquanto o mundo tentava curar as feridas da Segunda Guerra, no Brasil o estado de direito ainda engatinhava quando foi sacudido pelo suicídio do presidente Getúlio Vargas, em 24 de agosto de 1954. Em que pese o trauma, as eleições daquele ano ocorreram na data prevista, e em 1955 Juscelino se elegeria presidente da República.

Não obstante as tentativas da UDN (União Democrática Nacional), sob a liderança de Carlos Lacerda, de impedir sua posse, ele assumiu em 31 de janeiro de 1956. Imediatamente solicitou ao Congresso a suspensão do estado de sítio e aboliu a censura à imprensa. Na primeira reunião ministerial, expôs o que ficou conhecido como Programa de Metas, que, com o lema "Cinquenta anos em cinco", fazia uma clara opção pelo desenvolvimento quase que a qualquer custo. A ampliação e diversificação do parque industrial, a construção da nova capital, Brasília, com projeto do urbanista Lúcio Costa e prédios do arquiteto Oscar Niemeyer, e a conquista da Copa do Mundo de Futebol, na Suécia, em 1958, infundiam na população um orgulho jamais visto.

Ao desenvolvimento econômico correspondia uma efervescência cultural. Em 1955, Nelson Pereira dos Santos leva às telas o filme *Rio 40 graus*, que se tornou um marco do que viria a ser conhecido como Cinema Novo. No teatro, o povo torna-se protagonista na peça *Eles não usam black tie*, de Gianfrancesco Guarnieri, encenada pelo Teatro de Arena, em São Paulo, em 1958. No mesmo ano, também em São Paulo, é criado o Teatro Oficina, cujas produções balançaram a cena durante décadas. Ainda na dramaturgia, surgem novos autores, como o polêmico Plínio Marcos, com a peça *Barrela*.

Em agosto saía pela Odeon o compacto simples de João Gilberto trazendo no lado B "Bim bom", de sua autoria, e no lado A "Chega de saudade", de Tom Jobim e Vinicius de Moraes, que daria nome ao revolucionário LP de 1959. Era a Bossa Nova, estilo que até hoje, 51 anos depois, influencia músicos em todo o planeta. Chico era, então, um adolescente.

Nascido no Rio de Janeiro em 19 de junho de 1944, Francisco Buarque de Hollanda foi o quarto filho dos sete que o historiador Sérgio Buarque de Holanda teve com Maria Amélia Cesário Alvim. Dois anos depois, Sérgio é convidado a dirigir o Museu do Ipiranga, e a família transfere-se para São Paulo, onde nascem as três irmãs mais novas. Essa pequena trupe muda-se em 1953 para a Itália, lá permanecendo por dois anos, enquanto Sérgio leciona na Universidade de Roma.

Embora Chico afirme em diversas entrevistas que a atração pela literatura é anterior ao gosto pela música, um fato chama a atenção: antes de partir para Roma, deixou para a avó um bilhete, de uma crueldade ingênua, só permitida às crianças: "Vovó Heloísa. Olhe vozinha não se esqueça de mim. Se quando eu chegar aqui você já estiver no céu, lá mesmo veja eu ser um cantor do rádio".

São dessa época suas primeiras aventuras musicais – marchinhas de carnaval, influência, talvez, do que ouvia no rádio da babá índia. Curiosamente, foi essa índia que, anos depois, introduziu a primeira televisão na casa dos Buarque de Holanda.

Na Itália, Chico estudou em escola americana, e em pouco tempo falava três idiomas: português em casa, italiano na rua e inglês na escola. De volta a São Paulo, cursou o Colégio Santa Cruz, de padres canadenses progressistas, e ali escrevia contos e crônicas no jornal escolar *Verbâmidas*. A experiência levou-o a acreditar que um dia seria escritor. Mas o LP *Chega de saudade* adiou esse sonho por alguns anos. A batida inconfundível de João Gilberto, com seus acordes econômicos, o arrebatara para a música.

Não só a ele. Caetano Veloso, Gilberto Gil e tantos outros que viriam a integrar o primeiro time da MPB foram picados pela mesma mosca. A forma intimista da Bossa Nova, com apenas um banquinho e um violão, sem a necessidade de um vozeirão impostado, facilitava a vida de quem desejasse se aventurar por esse caminho.

Chico se lembra de que passava horas com um amigo tentando imitar os acordes do genial baiano. Da imitação para a composição foi um pulo. Uma de suas primeiras músicas, "Canção dos olhos" (1959), cantada à exaustão nos barzinhos e shows escolares, é uma cópia deslavada do estilo de João Gilberto, conforme o próprio Chico reconhece em sua entrevista ao MIS (Museu da Imagem e do Som) em 1966.

Em 1961 assume a presidência da República o ex-governador de São Paulo, Jânio Quadros, que renuncia após sete meses de uma gestão tumultuada. Não menos tumultuadas foram a posse e o governo do vice João Goulart. Identificado pelos militares como homem de esquerda, Jango assumiu com poderes reduzidos, num improvisado regime parlamentarista instaurado em setembro de 1961 e que duraria até o início de 1963, quando um plebiscito restaurou o presidencialismo.

Investido de poderes presidenciais, Jango adotou o projeto do PTB (Partido Trabalhista Brasileiro) denominado Reformas de Base – um conjunto de propostas que visava promover alterações nas estruturas econômicas, sociais e políticas que garantissem a superação do subdesenvolvimento e permitissem uma diminuição das desigualdades sociais.

No cenário externo, vivia-se a afirmação da Revolução Cubana (1958-59) e a crise dos mísseis soviéticos (1962) instalados em Cuba – que por pouco não levou a um confronto nuclear as duas superpotências de então, União Soviética e Estados Unidos.

Em 1963, Chico ingressa na FAU (Faculdade de Arquitetura e Urbanismo da Universidade de São Paulo), menos por escolha do que por falta de alternativa. Para música não havia boas escolas, e o curso de Letras era tido, na época, como coisa para mulheres. E do futebol, outra de suas paixões, ele desistiu após ter treinado no minúsculo Clube Atlético Juventus, na Mooca, em São Paulo. O urbanismo, então, afigurava-se como a saída para quem, desde criança, desenhava cidades imaginárias.

O golpe de 1964 jogou um balde de água fria na efervescência política que ele vivia no ambiente universitário, ainda que de forma discreta. Decepcionado, sua atenção se voltava cada vez mais para a música. Logo, o "Carioca", como era conhecido, batizou de "sambafos" os encontros com amigos num barzinho próximo ao Mackenzie, para tocar violão, cantar e, evidentemente, exalar o hálito da bebida que consumiam. O hino do grupo era o samba "Oba", de Osvaldo Nunes, que exaltava o bloco carnavalesco Bafo da Onça.

Essa onda que eu vou
Olha a onda, iaiá
É o Bafo da Onça que acabou de chegar
Essa onda que eu vou
Olha a onda, iaiá
É o Bafo da Onça que acabou de chegar

Pipocavam em São Paulo shows de música em que na primeira parte se apresentavam os novatos e na segunda apareciam nomes já consagrados. O Carioca do sambafo participou de vários deles, mostrando suas composições. Além de "Canção dos olhos", apresentava "Marcha para um dia de sol" (provavelmente de 1960-61, já que nem Chico se lembra mais).

Eu quero ver um dia
numa só canção
o pobre e o rico
andando mão em mão
que nada falte
que nada sobre
o pão do rico
o pão do pobre...

Pela abordagem ingênua da questão social, a canção logo foi apelidada, para desgosto do autor, de "João XXIII", numa referência ao papa que publicara as encíclicas *Mater et magistra* (1961) e *Pacem in terris* (1963). É possível, porém, que o tom conciliatório da letra derive de uma experiência vivida por Chico quando ainda estudava no Santa Cruz. Como membro da OAF (Organização de Auxílio Fraterno), ele ia com regularidade até a região da Estação da Luz entregar cobertores e outras doações aos moradores de rua.

Em entrevista para Tarso de Castro, na *Folha de S.Paulo* de 11-9-1977, mesmo considerando o caráter assistencialista da ação, ele admite a importância que isso teve na sua formação: "... pra um cara como eu, que morava ali no que seria a Zona Sul de São Paulo [...] e que estudou em colégio de menino rico, de repente ter essa missão, duas vezes por semana, era muito importante".

Levado pela irmã mais velha, Miúcha, Chico cantou a marcha num dos redutos da boa música da época, o João Sebastião Bar, onde ouviu a promessa da grande estrela do local, Claudette Soares, de que iria gravá-la. Ficou só na promessa. A cada novo disco da cantora ele corria pra ver se sua música estava lá – e nada.

> *Na última hora, saía o disco, eu procurava e não tinha a música, e eu morria de triste [...] Ela foi gravada quando eu já não acreditava nela. Quando eu acreditava nela, ninguém acreditava em mim, porque eu era muito moleque. Quando parei de acreditar nela, eu já estava mais crescido, então resolveram gravar – mas aí a música já não tinha mais sentido nenhum...*

admitiria no depoimento ao MIS. Ele se referia ao fato de a cantora Maricene Costa ter gravado a música em 1964, quando ele já havia perdido o interesse por ela: "Nem João XXIII concorda com aquele tipo de ecumenismo social. Não adianta conciliar rico e pobre, o negócio é não haver distinção", diria ele em entrevista para a revista *Realidade* em 1967.

Gostando ou não, foi a primeira vez que suas composições puderam ser ouvidas em disco, embora na voz de outrem.

Era só treino. O jogo ainda estava por começar.

Jair Rodrigues ("Disparada"), Nara Leão e Chico Buarque ("A banda")recebem o prêmio de primeiro lugar no II Festival de Música Popular Brasileira.

1964/66

Se todo mundo sambasse seria tão fácil viver

O cenário para o início do jogo era o Brasil do regime militar. Em 1º de abril de 1964, um golpe depôs o presidente João Goulart. No dia 9 do mesmo mês, um Ato Institucional cassou quarenta mandatos de parlamentares.

A censura começa a mostrar as garras ao proibir (e depois liberar) a exibição do filme *Deus e o Diabo na terra do sol*, de Glauber Rocha. No mesmo mês estreia no Rio a peça *Liberdade, liberdade*, de Millôr Fernandes e Flávio Rangel. Em São Paulo, o Teatro de Arena monta *Arena conta Zumbi*, de Gianfrancesco Guarnieri e Augusto Boal, com músicas de Edu Lobo. Em dezembro, o show *Opinião*, no Rio de Janeiro, colocava lado a lado Nara Leão – expoente da Bossa Nova – e os compositores populares Zé Kéti e João do Vale.

Em 1965, o Ato Institucional nº 2 dissolve os partidos políticos e estabelece o bipartidarismo, em que a Arena (Aliança Renovadora Nacional) apoia o regime, e o MDB (Movimento Democrático Brasileiro) reúne a esquálida oposição. Ainda no mesmo ano é inaugurada a TV Globo, que se transformaria na maior rede de televisão do país.

Tem mais samba (1964)

Chico Buarque

Para o musical *Balanço de Orfeu*, de Luiz Vergueiro

Tem mais samba no encontro que na espera
Tem mais samba a maldade que a ferida
Tem mais samba no porto que na vela
Tem mais samba o perdão que a despedida
Tem mais samba nas mãos do que nos olhos
Tem mais samba no chão do que na lua
Tem mais samba no homem que trabalha
Tem mais samba no som que vem da rua
Tem mais samba no peito de quem chora
Tem mais samba no pranto de quem vê
Que o bom samba não tem lugar nem hora
O coração de fora
Samba sem querer

Vem que passa
Teu sofrer
Se todo mundo sambasse
Seria tão fácil viver

Chico considera essa canção o marco zero de sua carreira profissional. Foi uma encomenda feita pelo produtor Luiz Vergueiro para o show *Balanço de Orfeu*, que estreou em 7 de dezembro de 1964 no Teatro Maria Della Costa, em São Paulo.

Em depoimento para o jornalista e escritor Humberto Werneck, Luiz conta que a música funcionaria como uma espécie de moral da história para o confronto entre a Bossa Nova e a Jovem Guarda. A canção seria cantada no final do espetáculo, por todo o elenco, numa mais do que esperada vitória da Bossa Nova.

A primeira sugestão de Chico não satisfez o diretor, e a música só ficou pronta na véspera da estreia. Era "Tem mais samba" – que, além de marco inicial, indicaria "uma das constantes em seu trabalho: a criação por encomenda [aquela foi a primeira], contra o relógio, mas nunca em prejuízo da beleza e do prazer de criar", segundo Werneck.

Juca (1965)

Chico Buarque

Juca foi autuado em flagrante
Como meliante
Pois sambava bem diante
Da janela de Maria
Bem no meio da alegria
A noite virou dia
O seu luar de prata
Virou chuva fria
A sua serenata
Não acordou Maria

Juca ficou desapontado
Declarou ao delegado
Não saber se amor é crime
Ou se samba é pecado
Em legítima defesa
Batucou assim na mesa
O delegado é bamba
Na delegacia
Mas nunca fez samba
Nunca viu Maria

Durante um dos "sambafos", o grupo fazia tanto barulho que os vizinhos chamaram a polícia. Enquanto os guardas tentavam encerrar a cantoria, Chico improvisou os versos que depois seriam incorporados à letra de "Juca": "O delegado é bamba/ Na delegacia/ Mas nunca fez samba/ Nunca viu Maria".

Lua cheia (1965)

Toquinho-Chico Buarque

Ninguém vai chegar do mar
Nem vai me levar daqui
Nem vai calar minha viola
Que desconsola, chora notas
Pra ninguém ouvir

Minha voz ficou na espreita, na espera
Quem dera abrir meu peito
Cantar feliz
Preparei para você uma lua cheia
E você não veio
E você não quis

Meu violão ficou tão triste, pudera
Quisera abrir janelas
Fazer serão
Mas você me navegou
Mares tão diversos
E eu fiquei sem versos
E eu fiquei em vão

O amigo e compositor Toquinho lembra como surgiu a primeira parceria dos dois e sua primeira canção gravada em disco:

> *Eu estava com uma das moças que faziam a coreografia, dançando no show* Balanço de Orfeu. *Chamava-se Vera, morena, alta, corpo bem-feito. Por sua vez, Chico habituara-se a passar quase todas as noites no teatro, pelo gostinho de ouvir sua música, e às vezes esticava a noite com a gente. Num dos jantares na casa do diretor, na intimidade de uísques e outras fontes de inspiração, enquanto eu tocava uma música, Chico aproveitava o embalo e, brincando com a moça, inventava versos com rimas em "era": "Linda noite que te espera, oh, Vera/ Quisera abrir janelas, fazer serão...". No dia seguinte, mais sóbrio, organizou melhor a poesia e se surpreendeu: "Mas a letra é boa mesmo! Podemos fazer uma música!".*

O nome da musa não é pronunciado na canção, que inicialmente tinha o título de "Primavera", mas ficava subentendido – para quem soubesse da história – pela ênfase dada às rimas em "era".

Sonho de um carnaval (1965)

Chico Buarque

Carnaval, desengano
Deixei a dor em casa me esperando
E brinquei e gritei e fui vestido de rei
Quarta-feira sempre desce o pano

Carnaval, desengano
Essa morena me deixou sonhando
Mão na mão, pé no chão e hoje nem lembra não
Quarta-feira sempre desce o pano

Era uma canção, um só cordão
E uma vontade
De tomar a mão
De cada irmão pela cidade

No carnaval, esperança
Que gente longe viva na lembrança
Que gente triste possa entrar na dança
Que gente grande saiba ser criança

A voz de Chico só chegaria às lojas de discos em 5 de maio de 1965, quando a RGE lançou o compacto com as canções "Pedro pedreiro" e "Sonho de um carnaval". A composição é, segundo o próprio Chico, o início de uma transição para marcar seu próprio espaço, já que tudo o que vinha fazendo até então tinha as digitais da Bossa Nova ou das músicas que costumava ouvir no rádio e nos encontros de seus pais com amigos. No seu depoimento ao MIS ele afirma:

A mudança começou com "Sonho de um carnaval", embora haja ainda umas duas ou três músicas anteriores a isso que eu ainda considero [...]. Em seguida veio "Pedro pedreiro", que acho que já é uma nova fase, porque eu já me preocupava e sentia que era uma coisa mais minha.

A televisão no Brasil estava prestes a completar quinze anos, e havia no país 2,3 milhões de aparelhos. As emissoras tiveram sensibilidade para captar o movimento que acontecia entre os jovens e incorporá-lo à sua grade. A maior parte da programação era ao vivo e repleta de programas musicais.

Embora participasse dos shows promovidos pelo radialista Walter Silva, Chico não pensava em se profissionalizar. Mesmo assim ele inscreveu "Sonho de um carnaval" no I Festival Nacional da Música Popular Brasileira da TV Excelsior. Para defendê-la na primeira eliminatória, realizada no Cassino do Guarujá em 27 de março de 1965, a organização escalou um cantor profissional, já familiar nas rodas do João Sebastião Bar, mas que Chico conhecia vagamente.

Era o paraibano Geraldo Vandré, que conseguiu levar a música para a final que se realizaria no auditório da TV Excelsior no Rio de Janeiro, em 6 de abril de 1965. Vandré se queixava ao arranjador, o maestro Erlon Chaves, de que o tom era muito baixo para sua voz, e quase não se ouvia a letra.

"Sonho de um carnaval" não ficou entre as cinco primeiras, e o festival foi vencido por "Arrastão", de Edu Lobo e Vinicius de Moraes, cantada por Elis Regina. Mesmo não tendo grandes pretensões, Chico sentia-se um vitorioso por haver chegado tão longe. Mas não foi nada agradável passar pelo saguão do teatro e ouvir João de Barro, o Braguinha – autor de tantos sucessos, entre os quais a imortal letra para "Carinhoso", de Pixinguinha –, dizer que a música era uma porcaria.

Mas houve quem gostasse. E alguém de grosso calibre, como o compositor e violonista Baden Powell, que ficara em segundo lugar com a "Valsa do amor que não vem", em parceria com Vinicius de Moraes. Baden não escondia sua preferência pela canção, e seu apoio rendeu dividendos, como Chico deixou registrado no seu depoimento ao MIS:

O Baden Powell foi um sujeito entusiasmadíssimo [...] Ele torcia por "Sonho de um carnaval", e falava a toda hora na música. E porque ele falava, todo mundo começou a dar bola, e resolveram gravar a música. Foi a primeira vez que me entrosei no meio. Tive um reconhecimento – não popular ainda, mas do meio [...].

De fato, o próprio Vandré a incluiu no seu álbum *Hora de lutar* (1965), e, um ano depois, o conjunto vocal MPB-4 a gravaria em seu disco de 1966.

Pedro pedreiro (1965)

Chico Buarque

Pedro pedreiro penseiro esperando o trem
Manhã, parece, carece de esperar também
Para o bem de quem tem bem
De quem não tem vintém
Pedro pedreiro fica assim pensando
Assim pensando o tempo passa
E a gente vai ficando pra trás
Esperando, esperando, esperando
Esperando o sol
Esperando o trem
Esperando o aumento
Desde o ano passado
Para o mês que vem

Pedro pedreiro penseiro esperando o trem
Manhã, parece, carece de esperar também
Para o bem de quem tem bem
De quem não tem vintém
Pedro pedreiro espera o carnaval
E a sorte grande no bilhete pela federal
Todo mês
Esperando, esperando, esperando
Esperando o sol
Esperando o trem
Esperando aumento
Para o mês que vem
Esperando a festa
Esperando a sorte

E a mulher de Pedro
Está esperando um filho
Pra esperar também

Pedro pedreiro penseiro esperando o trem
Manhã, parece, carece de esperar também
Para o bem de quem tem bem
De quem não tem vintém
Pedro pedreiro está esperando a morte
Ou esperando o dia de voltar pro Norte
Pedro não sabe mas talvez no fundo
Espera alguma coisa mais linda que o mundo
Maior do que o mar
Mas pra que sonhar
Se dá o desespero de esperar demais
Pedro pedreiro quer voltar atrás
Quer ser pedreiro pobre e nada mais
Sem ficar esperando, esperando, esperando
Esperando o sol
Esperando o trem
Esperando o aumento para o mês que vem
Esperando um filho pra esperar também
Esperando a festa
Esperando a sorte
Esperando a morte
Esperando o norte
Esperando o dia de esperar ninguém
Esperando enfim nada mais além
Da esperança aflita, bendita, infinita
Do apito do trem

Pedro pedreiro pedreiro esperando
Pedro pedreiro pedreiro esperando
Pedro pedreiro pedreiro esperando o trem
Que já vem, que já vem, que já vem (etc.)

Entretanto, o sucesso do compacto se deveria a “Pedro pedreiro”. Quando a compôs, Chico sabia que estava fazendo algo diferente.

Quando fiz "Pedro pedreiro", tive a sensação de que pela primeira vez estava compondo uma música realmente minha, que já não era mais imitação de Bossa Nova. Daí em diante, as coisas começaram a acontecer,

disse ele a Almir Chediak, organizador do *Songbook Chico Buarque*.

Em 1985, numa entrevista à Rádio do Centro Cultural São Paulo, ele admite que, embora tenha havido uma mudança, a canção

ainda era resquício do movimento que havia da chamada resistência, que foi logo depois de 64, quando veio aquela onda toda do Opinião, *da oposição que se fazia dentro dos teatros, na música popular – já que noutros campos a oposição foi abortada, calada, e então se transferiu das fábricas, da praça pública e do Congresso para as artes: o teatro, o cinema e a música.*

Numa das raras vezes em que Sérgio Buarque de Holanda falou sobre o filho, em depoimento de 1968 para o primeiro número da revista *Pais & Filhos*, ele identificou na letra uma influência do autor de *Grande sertão: veredas*: "Quando fez 'Pedro pedreiro', inventou uma palavra: 'penseiro'. Talvez inspirado em Guimarães Rosa, que também era dado a inventar palavras". Anos depois, no DVD *Uma palavra*, o próprio Chico admitiria:

Teve uma época que eu só lia Guimarães Rosa. Eu queria ser Guimarães Rosa. [...] Quando gravei minha primeira música – hoje eu me envergonho um pouquinho disso, porque é difícil você querer ser Guimarães Rosa –, inventei esse "penseiro", é claro que pra fazer uma rima, uma aliteração [...] mas era aquela coisa de achar que pareceria Guimarães Rosa. Parece nada.

No livro *Chico Buarque – Cidade submersa*, de Regina Zappa e Bruno Veiga, Chico faria uma nova revelação acerca da canção que o colocou no cenário musical:

Tem uma coisa sobre "Pedro pedreiro" que nunca me lembrei de dizer: não tem nada a ver com samba antigo, era pós Bossa Nova, mas tem a ver com uma coisa que me impressionou muito naquele tempo – o violão percussivo do Jorge Ben. Não sabia fazer o violão dele, mas fiquei muito impressionado com aquilo.

Impressionadas também ficavam as pessoas que ouviam a canção: ninguém menos que Tom Jobim, ao ouvi-la em 1966, no dia em que se conheceram, e a poetisa e dramaturga Renata Palottini, que escreveu uma peça baseada na história do pedreiro, para a qual Chico fez as músicas.

Mas havia quem não se impressionasse. Num veículo no qual se pode sentir a cada segundo que tempo é de fato dinheiro, incomodava a duração de uma música com sessenta versos, em que a palavra "esperando" aparece nada menos que 36 vezes. Um dos produtores do programa do Chacrinha disse a Chico, sem meias palavras: "Não dá pra esse trem chegar mais cedo, não?". Naquele dia, nem o trem nem "Pedro pedreiro" chegariam ao palco da TV Excelsior. Indignado com a proposta de mutilação da cria que ainda estava lambendo, o autor simplesmente pegou seu violão, deu meia-volta e foi-se embora.

O radialista Walter Silva lembra as condições em que foi gravado o disco de estreia:

A RGE cedeu, após insistentes pedidos, o Estúdio B para a gravação [...] Uma sala diminuta, onde havia uma mesinha para locutor, uma cadeira e um microfone [...] não dava mais de 4 metros quadrados. Com o pé sobre a cadeira e tocando violão, assim foi feita a primeira gravação de Chico Buarque.

A gravadora autorizou a prensagem de apenas quinhentas cópias do compacto, mas em pouco tempo viu-se obrigada a fazer novas tiragens, já que "Pedro pedreiro" entrara para as paradas de sucesso.

O compacto rendeu um contrato para Chico aparecer nos programas da TV Record. Não era muito, mas dava para pagar a prestação de um fusca usado, seu primeiro carro, e abandonar a faculdade de arquitetura, para desgosto de dona Maria Amélia, que, cautelosa, trancou a matrícula do filho, na esperança de que um dia ele mudasse de ideia.

Mais do que o carro ou o *dolce far niente*, "Pedro pedreiro" rendeu um convite de Roberto Freire para que Chico musicasse *Morte e vida severina*, auto de Natal escrito pelo poeta pernambucano João Cabral de Melo Neto em 1955, que descreve as vicissitudes de um retirante que abandona o sertão em busca de uma vida melhor.

Inicialmente Chico recusou o convite, por não se sentir preparado para tamanha empreitada. Ele ainda era o estudante da FAU, e a música, um apêndice na sua vida. Diante da insistência, capitulou e, com 21 anos incompletos, resolveu aceitar a encomenda.

Chico reconhece que a experiência foi fundamental ao obrigá-lo, logo no início da carreira, à disciplina e à organização que um trabalho de equipe exige, e para mostrar-lhe que música e letra devem se amalgamar para resultar numa peça única. Só não participou da escolha e discussão do texto, etapas já cumpridas quando ele se integrou ao grupo. No mais, tudo era objeto de muita discussão. Pôs-se a ler e reler toda a obra de João Cabral; pesquisou a música regional do Nordeste; com frequência fazia consultas a especialistas, e em casa, sozinho, ia fazendo as canções. Há quem afirme que obrigava as irmãs a cantar os diversos coros em duas vozes. No início inseguro, não levava as canções pessoalmente. Mandava-as em fita. O trabalho foi evoluindo, e ele, perdendo o medo.

A peça, com direção de Silnei Siqueira, estreou em 11 de setembro de 1965 inaugurando o Tuca (Teatro da Universidade Católica de São Paulo). Chico postou-se no fundo do teatro – hábito que conservaria através dos tempos – e surpreendeu-se com a aceitação do público e, depois, da crítica, que chegou a afirmar que ele "não musicou o poema, mas sim extraiu dele a musicalidade". Surpresa maior viria em abril do ano seguinte, quando a peça ganhou o primeiro prêmio no IV Festival Internacional de Teatro Universitário de Nancy – França. No final do espetáculo, a plateia explodiu numa ovação de mais de dez minutos. E desta vez ele estava no palco, com seu violão, tocando suas músicas.

Chico Buarque não faz chover, mas pelo menos um milagre pode ser a ele atribuído: o de ter convencido João Cabral de Melo Neto de que música e barulho não são a mesma coisa. O poeta era contra a encenação, que, soube-se mais tarde, foi feita à sua revelia. Porém, ao ver a montagem, ficou tão encantado que seguiu com o grupo para Portugal.

Numa das conversas com Chico, o autor do poema chegou a indicar sua preferida: "Funeral de um lavrador", por coincidência uma das que Chico menos gosta e que mais sucesso fez, ganhando gravações de Nara Leão e Odete Lara. Como musicar um poema não é tarefa simples, por haver versos praticamente "imusicáveis", alguns tiveram que ser cortados. Um deles tinha a expressão "cada casebre se torna/ no mocambo modelar/ que tanto celebram/ os sociólogos do lugar". O poeta quis saber do compositor se a intenção havia sido a de poupar alguém. Esse alguém seria o sociólogo Gilberto Freyre. Mas era tão somente uma questão de métrica mesmo.

Embalada pelo sucesso obtido em Nancy, a Philips lançou em 1966 o LP *Morte e vida severina*, gravado ao vivo no Tuca.

O jogo havia começado.

Em fevereiro de 1966, o general Castello Branco torna indiretas as eleições para governadores, que ocorreriam naquele ano, gerando protestos em várias capitais. A censura proíbe o romance *O casamento*, de Nelson Rodrigues.

Para Chico, entretanto, o ano prometia. Logo no início, teve gravadas três de suas canções ("Olê, olá", "Pedro pedreiro" e "Madalena foi pro mar") no LP *Nara pede passagem*. Era um atestado de qualidade ser interpretado por Nara Leão, reconhecida descobridora de talentos, não apenas novos, como Chico, Sidney Miller e Edu Lobo, mas também de esquecidos compositores como Cartola, Nelson Cavaquinho, João do Vale, entre outros.

Logo Chico gravaria o seu segundo compacto, com "Olê, olá" e "Meu refrão".

Olê, olá (1965)

Chico Buarque

Não chore ainda não
Que eu tenho um violão
E nós vamos cantar
Felicidade aqui
Pode passar e ouvir
E se ela for de samba
Há de querer ficar

Seu padre, toca o sino
Que é pra todo mundo saber
Que a noite é criança
Que o samba é menino
Que a dor é tão velha
Que pode morrer
Olê olê olê olá
Tem samba de sobra
Quem sabe sambar
Que entre na roda
Que mostre o gingado
Mas muito cuidado
Não vale chorar

Não chore ainda não
Que eu tenho uma razão
Pra você não chorar
Amiga me perdoa
Se eu insisto à toa
Mas a vida é boa
Para quem cantar

Meu pinho, toca forte
Que é pra todo mundo acordar
Não fale da vida
Nem fale da morte
Tem dó da menina

Não deixa chorar
Olê olê olê olá
Tem samba de sobra
Quem sabe sambar
Que entre na roda
Que mostre o gingado
Mas muito cuidado
Não vale chorar

Não chore ainda não
Que eu tenho a impressão
Que o samba vem aí
E um samba tão imenso
Que eu às vezes penso
Que o próprio tempo
Vai parar pra ouvir

Luar, espere um pouco
Que é pro meu samba poder chegar
Eu sei que o violão
Está fraco, está rouco
Mas a minha voz
Não cansou de chamar
Olê olê olê olá
Tem samba de sobra
Ninguém quer sambar
Não há mais quem cante
Nem há mais lugar
O sol chegou antes
Do samba chegar
Quem passa nem liga
Já vai trabalhar
E você, minha amiga
Já pode chorar

Criada logo após "Pedro pedreiro", Chico diz que essa canção é uma espécie de filha crescida da primeira.

Acho que ela trazia uma coisa além de "Pedro pedreiro". Eu lembro que fiquei uns três, quatro meses sem mostrar para ninguém. Um dia, na casa do Roberto Freire, toquei e gostaram. Depois disso, comecei a ter certeza.

E, de fato, havia nela alguma coisa nova. Almir Chediak lembra-se das dificuldades que experimentou para tirar a harmonia: "Me deu um trabalho danado. Há nela uma sequência harmônica diferente de tudo, uma coisa muito original".

Caetano Veloso conheceu Chico cantando "Olê, olá" num dos shows do Teatro Paramount, em 1965. Encantado com a melodia e a facilidade com que o compositor trabalhava a letra, copiou-a num pedaço de papel e anexou-a a uma carta encaminhada a Dedé, sua namorada, dizendo: "Conheci um cara que é a coisa mais linda". A amizade atravessaria décadas, não sem pequenos arranhões.

Deve-se a "Olê, olá" o estilo inconfundível do atual programa *Ensaio*, da TV Cultura de São Paulo. Convidado por Fernando Faro, não havia meio de fazer o cantor olhar para a frente, o que obrigou o diretor a colocar uma câmera no chão a fim de mostrar o rosto e os olhos cada vez mais famosos.

Meu refrão (1965)

Chico Buarque

Quem canta comigo
Canta o meu refrão
Meu melhor amigo
É meu violão

Já chorei sentido
De desilusão
Hoje estou crescido
Já não choro não
Já brinquei de bola

Já soltei balão
Mas tive que fugir da escola
Pra aprender essa lição

Quem canta comigo
Canta o meu refrão
Meu melhor amigo
É meu violão

O refrão que eu faço
É pra você saber
Que eu não vou dar braço
Pra ninguém torcer
Deixa de feitiço
Que eu não mudo não
Pois eu sou sem compromisso
Sem relógio e sem patrão

Quem canta comigo
Canta o meu refrão
Meu melhor amigo
É meu violão

Eu nasci sem sorte
Moro num barraco
Mas meu santo é forte
E o samba é meu fraco
No meu samba eu digo
O que é de coração
Mas quem canta comigo
Canta o meu refrão

Quem canta comigo
Canta o meu refrão
Meu melhor amigo
É meu violão

Em 1966 ele tinha composições suficientes para um show. "Meu refrão" deu nome ao espetáculo idealizado por Hugo Carvana e Antonio Carlos Fontoura, que estreou no final de agosto de 1966 na boate Arpège, Rio de Janeiro, com dezesseis canções interpretadas pelo autor, por Odete Lara e pelo MPB-4. Um personagem – não convidado – apareceu pela primeira vez na vida de Chico: a censura.

Tamandaré (1965)

Chico Buarque

Zé qualquer tava sem samba, sem dinheiro
Sem Maria sequer
Sem qualquer paradeiro
Quando encontrou um samba
Inútil e derradeiro
Numa inútil e derradeira
Velha nota de um cruzeiro

"Seu" Marquês, "seu" Almirante
Do semblante meio contrariado
Que fazes parado
No meio dessa nota de um cruzeiro rasgado
"Seu" Marquês, "seu" Almirante
Sei que antigamente era bem diferente
Desculpe a liberdade
E o samba sem maldade
Deste Zé qualquer
Perdão, Marquês de Tamandaré
Perdão, Marquês de Tamandaré

Pois é, Tamandaré
A maré não tá boa
Vai virar a canoa
E este mar não dá pé, Tamandaré
Cadê as batalhas?
Cadê as medalhas?
Cadê a nobreza?

Cadê a marquesa, cadê?
Não diga que o vento levou
Teu amor até

Pois é, Tamandaré
A maré não tá boa
Vai virar a canoa
E este mar não dá pé, Tamandaré
Meu marquês de papel
Cadê teu troféu?
Cadê teu valor?
Meu caro almirante
O tempo inconstante roubou

Zé qualquer tornou-se amigo do marquês
Solidário na dor
Que eu contei a vocês
Menos que queira ou mais que faça
É o fim do samba, é o fim da raça
Zé qualquer tá caducando
Desvalorizando
Como o tempo passa, passando
Virando fumaça, virando
Caindo em desgraça, caindo
Sumindo, saindo da praça
Passando, sumindo
Saindo da praça

Uma das canções do show era "Tamandaré", em que Chico, comentando a desvalorização da moeda, brincava com a figura do almirante Joaquim Marques Lisboa, marquês de Tamandaré, estampada nas notas de 1 cruzeiro. A Marinha brasileira entendeu que havia na letra desrespeito à figura de seu patrono, e a música foi proibida. Já naquela época ele não levava desaforo pra casa. O psicanalista Roberto Freire conta que o compositor reagiu com bom humor à proibição, inserindo estes versos na melodia de "Meu refrão" durante algumas apresentações:

Você me procura
Pede explicação
Depois me censura
O que é de coração
Mesmo assim não brigo
Não me importo não
Pois quem canta comigo
Canta o meu refrão
Meu melhor amigo
É o meu violão

A canção permaneceu proibida por muito tempo, e só foi gravada em 1991, pelo Quarteto em Cy, no CD *Chico em Cy*.

Noite dos mascarados (1966)

Chico Buarque

Para o musical *Meu refrão*

Quem é você?
Adivinhe, se gosta de mim
Hoje os dois mascarados
Procuram os seus namorados
Perguntando assim:
Quem é você, diga logo
Que eu quero saber o seu jogo
Que eu quero morrer no seu bloco
Que eu quero me arder no seu fogo

Eu sou seresteiro
Poeta e cantor
O meu tempo inteiro
Só zombo do amor
Eu tenho um pandeiro
Só quero um violão
Eu nado em dinheiro
Não tenho um tostão
Fui porta-estandarte

Não sei mais dançar
Eu, modéstia à parte
Nasci pra sambar
Eu sou tão menina
Meu tempo passou
Eu sou Colombina
Eu sou Pierrot

Mas é carnaval
Não me diga mais quem é você
Amanhã, tudo volta ao normal
Deixe a festa acabar
Deixe o barco correr
Deixe o dia raiar
Que hoje eu sou
Da maneira que você me quer
O que você pedir
Eu lhe dou
Seja você quem for
Seja o que Deus quiser
Seja você quem for
Seja o que Deus quiser

Era necessária uma nova música para substituir a proibida. Foi assim que nasceu "Noite dos mascarados". Em poucos dias Chico compôs a canção. Vinicius de Moraes organizava a trilha sonora do filme *Garota de Ipanema* (1967), de Leon Hirszman, e sugeriu sua inclusão em dueto com Elis Regina. O feito resultou num dos pouquíssimos trabalhos conjuntos dos dois grandes nomes.

"Noite dos mascarados" também marcou a estreia de Chico no cinema, interpretando a si mesmo ao lado de Tom Jobim, Vinicius de Moraes, Nara Leão e Ronnie Von. Desde essa primeira experiência, Chico não gostou de se ver em cena, por se considerar um péssimo ator. Não obstante, ele iria reincidir algumas vezes.

Com açúcar, com afeto (1966)

Chico Buarque

Com açúcar, com afeto
Fiz seu doce predileto
Pra você parar em casa
Qual o quê
Com seu terno mais bonito
Você sai, não acredito
Quando diz que não se atrasa
Você diz que é operário
Vai em busca do salário
Pra poder me sustentar
Qual o quê
No caminho da oficina
Há um bar em cada esquina
Pra você comemorar
Sei lá o quê

Sei que alguém vai sentar junto
Você vai puxar assunto
Discutindo futebol
E ficar olhando as saias
De quem vive pelas praias
Coloridas pelo sol
Vem a noite e mais um copo
Sei que alegre ma non troppo
Você vai querer cantar
Na caixinha um novo amigo
Vai bater um samba antigo
Pra você rememorar

Quando a noite enfim lhe cansa
Você vem feito criança
Pra chorar o meu perdão
Qual o quê
Diz pra eu não ficar sentida
Diz que vai mudar de vida
Pra agradar meu coração

E ao lhe ver assim cansado
Maltrapilho e maltratado
Ainda quis me aborrecer
Qual o quê
Logo vou esquentar seu prato
Dou um beijo em seu retrato
E abro os meus braços pra você

É a primeira canção em que Chico assume a posição feminina, revelando a capacidade que se tornaria uma de suas marcas registradas. Foi composta por encomenda de Nara Leão, que gostava muito de cantar músicas "onde a mulher fica em casa chorosa, e o marido na rua, farreando". Ao inseri-la no seu próprio disco, Chico fez, no texto da contracapa, um comentário machista, do qual se envergonharia anos depois: "Insisti ainda em colocar no disco o 'Com açúcar, com afeto', que eu não poderia cantar por motivos óbvios". Pode parecer estranho, mas em 1966 era inconcebível um homem, mesmo sendo Chico Buarque, interpretar uma mulher.

Diferentemente de hoje em dia, quando ele tem controle quase que total sobre sua obra, no início da carreira quem administrava o uso das canções eram as editoras, e não tardou para que os marqueteiros de então a utilizassem na propaganda de um bombom.

Morena dos olhos d'água (1966)

Chico Buarque

Morena dos olhos d'água
Tira os seus olhos do mar
Vem ver que a vida ainda vale
O sorriso que eu tenho
Pra lhe dar

Descansa em meu pobre peito
Que jamais enfrenta o mar
Mas que tem abraço estreito, morena
Com jeito de lhe agradar
Vem ouvir lindas histórias
Que por seu amor sonhei
Vem saber quantas vitórias, morena
Por mares que só eu sei

O seu homem foi-se embora
Prometendo voltar já
Mas as ondas não têm hora, morena
De partir ou de voltar
Passa a vela e vai-se embora
Passa o tempo e vai também
Mas meu canto ainda lhe implora, morena
Agora, morena, vem

Inúmeras matérias de jornal atribuem à psicanalista e *socialite* Eleonora Mendes Caldeira o *status* de inspiradora dessa música. Uma das poucas vezes em que Chico falou publicamente sobre o assunto foi no DVD *À flor da pele*:

> *Todo mundo gosta [...] de querer ligar canções ou obras à vida de seus autores, o que glamoriza a biografia, mas empobrece a imaginação [...] O que acontece também é que você pode fazer canções e depois atribuir, dar de presente... [...] "Ah! Essa foi pra você". Você*

pode fazer uma canção pra determinada pessoa e tal. [...] A canção é feita pensando na pessoa, mas o que vem depois, as palavras que estão ali, não são biográficas. Os nomes que estão nas canções... não me lembro no meu caso de ter feito... [...] Outros fazem. [...] As minhas são todas inventadas. [...] Aquela menina era bonita. Você não vai botar isso na entrevista. Hoje ela é uma senhora. [...] Eu lembro que ia à missa dos dominicanos... eu e a minha turma... pra ver a Eleonora. Ela era simplesmente maravilhosa [...] mas eu não ousava chegar muito perto [...] Tinha medo de tirar pra dançar porque podia levar uma tábua, como se dizia na época. Mas depois que eu virei famoso, deu pra chegar a ela sem medo de levar tábua.

Como se vê, ele não disse um sim ou um não peremptório. As irmãs Ana de Holanda (Bahia) e Maria do Carmo (Pii) têm outra versão. Garantem que quando Chico terminou "Morena dos olhos d'água", ligou para mais de uma mulher dizendo serem elas a musa.

A banda (1966)

Chico Buarque

Estava à toa na vida
O meu amor me chamou
Pra ver a banda passar
Cantando coisas de amor

A minha gente sofrida
Despediu-se da dor
Pra ver a banda passar
Cantando coisas de amor

O homem sério que contava dinheiro parou
O faroleiro que contava vantagem parou
A namorada que contava as estrelas parou
Para ver, ouvir e dar passagem
A moça triste que vivia calada sorriu
A rosa triste que vivia fechada se abriu
E a meninada toda se assanhou

Pra ver a banda passar
Cantando coisas de amor

O velho fraco se esqueceu do cansaço e pensou
Que ainda era moço pra sair no terraço e dançou
A moça feia debruçou na janela
Pensando que a banda tocava pra ela
A marcha alegre se espalhou na avenida e insistiu
A lua cheia que vivia escondida surgiu
Minha cidade toda se enfeitou
Pra ver a banda passar cantando coisas de amor
Mas para meu desencanto
O que era doce acabou
Tudo tomou seu lugar
Depois que a banda passou

E cada qual no seu canto
Em cada canto uma dor
Depois da banda passar
Cantando coisas de amor

Chico lembra-se de ter ouvido Gilberto Gil cantar “Ensaio geral” no Sandchurra, bar da Galeria Metrópole, no centro de São Paulo, e um dos pontos de encontro dos jovens artistas. Ficou impressionado e pensou em fazer uma música pra ganhar dessa no II Festival de Música Popular Brasileira, que aconteceria em setembro e outubro na TV Record.

Ele acabara de voltar da Europa, por onde excursionara com *Morte e vida severina*, e havia composto uma série de canções, entre elas “A banda” e “Morena dos olhos d’água”.

Primeiro veio a ideia de uma banda passando, depois a música e, finalmente, a letra. Composta em um único dia, na sua casa da rua Buri, na hora do almoço, ficaram faltando os versos finais: “Aquele final todo foi posterior. Não queria deixar a banda tocando para sempre na rua”. Mas era “Morena dos olhos d’água” que ele pretendia inscrever no festival e que, certo dia, cantou para Gilberto Gil e Torquato Neto. Não era sua intenção, porém, no entusiasmo, cantou também a marchinha, mesmo incompleta. Chico imaginava que a música iria pegar e a inscreveu no festival. O que ele não previu foi o tamanho do sucesso.

Na segunda eliminatória, em 28 de setembro de 1966, ela foi cantada apenas por Nara Leão. O diretor Manoel Carlos percebeu que os metais da banda que a acompanhava prejudicavam o entendimento da letra e que o tempo de dois minutos era muito pequeno, e sugeriu que na terceira eliminatória o autor cantasse a marcha uma vez, apenas com violão, para depois Nara entrar e repeti-la com os arranjos de banda feitos por Geni Marcondes. A alteração foi entendida por alguns concorrentes como um privilégio, mas prevaleceu até a final.

Pode ser que o fato de Chico formar com Nara uma dupla que conquistava a simpatia do público tenha também pesado na decisão dos produtores. Dias antes da final, a *Revista do Rádio* promovera uma enquete entre seus leitores: "A banda" recebeu 35.743 votos contra 17.855 dados a "Disparada" (Theo de Barros e Geraldo Vandré), que seria sua grande concorrente.

A polarização entre "A banda" e "Disparada", defendida por Jair Rodrigues, ganhara uma dimensão inimaginável, a ponto de o jornal *O Estado de S. Paulo* escrever: "Desde o finzinho de setembro, só duas torcidas contam: a da Associação Atlética Disparada e a da Banda Futebol Clube". "A expectativa era tão grande que alguns teatros e cinemas chegaram a suspender suas sessões", conta Zuza Homem de Mello em seu livro *A Era dos Festivais – Uma parábola*.

A final aconteceu numa segunda-feira, 10 de outubro de 1966, no Teatro Record, que ficava na rua da Consolação. No auditório a plateia, dividida, gritava, balançando faixas e cartazes enquanto aguardava o resultado. Não menos tenso era o clima nos bastidores depois que Chico, percebendo – ou sabendo – que venceria, sugeriu que houvesse empate entre as duas.

O que gerava tensão nos organizadores era a ameaça que acompanhava a inusitada proposta: ele se recusaria publicamente a receber o prêmio sozinho. Uma festa como aquela, transmitida pela tevê, não podia terminar em confusão. Na queda de braço, Chico venceu no palco e também nos bastidores. Cada uma das canções levou metade do prêmio que caberia ao primeiro lugar.

Chico jamais fez qualquer comentário sobre o episódio. O resultado da votação (sete a cinco em favor de "A banda") foi mantido em sigilo por quase quatro décadas. Os votos ficaram num cofre na casa de Zuza Homem de Mello, que só revelou os números em seu livro já citado.

Logo após o festival, chegaram às lojas os compactos de Chico e de Nara com a marchinha. Este último chegou a vender 100 mil cópias em apenas uma semana, animando a RGE a produzir e lançar ainda em outubro o LP *Chico Buarque de Hollanda*. No mesmo mês ele integrou o júri do I Festival Internacional da Canção, promovido pela TV Globo, durante o qual 6 mil pessoas exigiram que o jurado comparecesse ao palco e com ele cantaram a marcha que tomava conta do país.

Bandas de todos os países e tipos a incorporaram ao seu repertório. As gravações se multiplicavam. Até mesmo um dos mais famosos palhaços do Brasil, Carequinha, gravou a marcha com coro infantil de Irany de Oliveira e a Bandinha de Altamiro Carrilho. Pelo mundo afora surgiam as mais bisonhas versões da letra, que não guardavam qualquer semelhança com a original, como no caso da alemã, feita por Weyriche Conta:

E certamente este ano
já se pode prever
o mundo da moda trará
o que agrada a Rosita
quando no México, à noite
ao carnaval se vai [...]
Uma moda como a banda
ainda não houve
Os cocos se transformam em roupagens
e a brincadeira continua
A banda está aí

"A banda" ainda lhe renderia seu primeiro programa de televisão e o primeiro embate com a ditadura militar. O programa, comandado por ele e por Nara Leão, ia ao ar pela TV Record e chamava-se *Pra ver a banda passar*. A *performance* tímida e pouco televisiva de ambos lhes valeu o título de "maiores desanimadores de auditório", dado pelo escritor de novelas Manoel Carlos, na época diretor de televisão. Já o embate com a ditadura ocorreu quando o governo resolveu usar "A banda" numa propaganda de alistamento militar. Chico protestou, e a peça deixou de ser veiculada. Haveria confrontos piores.

Os elogios vinham de todos os lados. O poeta maior Carlos Drummond de Andrade dedicou-lhe uma crônica, publicada no *Correio da Manhã*:

> *O jeito, no momento, é ver a banda passar, cantando coisas de amor. Pois de amor andamos todos precisados, em dose tal que nos alegre, nos reumanize, nos corrija, nos dê paciência e esperança, força, capacidade de entender, perdoar, ir para a frente. Amor que seja navio, casa, coisa cintilante, que nos vacine contra o feio, o errado, o triste, o mau, o absurdo e o mais que estamos vivendo ou presenciando.*
>
> *A ordem, meus manos e desconhecidos meus, é abrir a janela, abrir não, escancará-la, é subir ao terraço como fez o velho que era fraco mas subiu assim mesmo, é correr à rua no rastro da meninada, e ver e ouvir a banda que passa. Viva a música, viva o sopro de amor que a música e a banda vêm trazendo, Chico Buarque de Hollanda à frente, e que restaura em nós hipotecados palácios em ruínas, jardins pisoteados, cisternas secas, compensando-nos da confiança perdida nos homens e suas promessas, da perda dos sonhos que o desamor puiu e fixou, e que são agora como o paletó roído de traça, a pele escarificada de onde fugiu a beleza, o pó no ar, a falta de ar.*
>
> *A felicidade geral com que foi recebida essa banda tão simples, tão brasileira e tão antiga na sua tradição lírica, que um rapaz de pouco mais de vinte anos botou na rua, alvoroçando novos e velhos, dá bem a ideia de como andávamos precisando de amor. Pois a banda não vem entoando marchas militares, dobrados de guerra. Não convida a matar o inimigo, ela não tem inimigos, nem a festejar com uma pirâmide de camélias e discursos as conquistas da violência. Esta banda é de amor, prefere rasgar corações, na receita do sábio maestro Anacleto Medeiros, fazendo penetrar neles o fogo que arde sem se ver, o contentamento descontente, a dor que desatina sem doer, abrindo a ferida que dói e não se sente,*

como explicou um velho e imortal especialista português nessas matérias cordiais.

Meu partido está tomado. Não da Arena nem do MDB, sou desse partido congregacional e superior às classificações de emergência, que encontra na banda o remédio, a angra, o roteiro, a solução. Ele não obedece a cálculos da conveniência momentânea, não admite cassações nem acomodações para evitá-las, e principalmente não é um partido, mas o desejo, a vontade de compreender pelo amor, e de amar pela compreensão.

Se uma banda sozinha faz a cidade toda se enfeitar e provoca até o aparecimento da lua cheia no céu confuso e soturno, crivado de signos ameaçadores, é porque há uma beleza generosa e solidária na banda, há uma indicação clara para todos os que têm responsabilidade de mandar e os que são mandados, os que estão contando dinheiro e os que não o têm para contar e muito menos para gastar, os espertos e os zangados, os vingadores e os ressentidos, os ambiciosos e todos, mas todos os etcéteras que eu poderia alinhar aqui se dispusesse da página inteira. Coisas de amor são finezas que se oferecem a qualquer um que saiba cultivá-las, distribuí-las, começando por querer que elas floresçam. E não se limitam ao jardinzinho particular de afetos que cobre a área de nossa vida particular: abrangem terreno infinito, nas relações humanas, no país como entidade social carente de amor, no universo-mundo onde a voz do Papa soa como uma trompa longínqua, chamando o velho fraco, a mocinha feia, o homem sério, o faroleiro... todos os que viram a banda passar, e por uns minutos se sentiram melhores. E se o que era doce acabou, depois que a banda passou, que venha outra banda, Chico, e que nunca uma banda como essa deixe de musicalizar a alma da gente.

Até mesmo o irascível Nelson Rodrigues exaltava a canção em texto publicado no jornal *O Globo*:

Imaginem vocês que, um dia desses, entro em casa e encontro minha mulher, Lúcia, e a minha filhinha, Daniela, com olhos mare-

jados. Acabavam de ouvir "A banda", ou seja, a mais doce música da Terra. Dias depois, eu próprio ouvi a marchinha genial. E a minha vontade foi sair de casa, me sentar no meio-fio e começar a chorar. Com "A banda", começa uma nova época da música popular no Brasil.

Apesar de saudada com entusiasmo por figuras tão díspares, "A banda" não fez de Chico a tal "unanimidade nacional" que se propalava. Havia quem visse no lirismo e na singeleza da canção um retrocesso, uma postura alienada para uma época que exigia o engajamento político dos artistas. O que o patrulhamento ideológico de então chamava de alienação era, na verdade, uma atitude pensada, conforme o próprio Chico esclareceu em entrevista à Rádio do Centro Cultural São Paulo:

Quando compus "A banda" eu me lembro que – pra não dizer que havia unanimidade – havia, sim, uma discreta condenação por parte da esquerda que ainda insistia em ouvir o grito do Opinião, *o grito de um "Carcará" e tal. A Nara Leão, aliás, me acompanhou nesse movimento, porque ela também já estava um pouco cansada dessa tal música de protesto que se fazia então, que não passava das portas do teatro e que, no fim das contas, era ineficaz. "A banda" era uma retomada do lirismo, proposital mesmo, porque eu não era tão inocente assim quanto parecia. Eu tinha um passado – também discreto, porque eu era muito garoto – de luta estudantil.*

O sucesso foi tal que câmaras municipais de todo o país lhe conferiam o título de cidadão honorário. Em algumas localidades o prefeito lhe entregava a chave da cidade, como se faz com o Rei Momo no carnaval. Chico era carregado por uma enxurrada de shows país afora.

Quem te viu, quem te vê (1966)

Chico Buarque

Você era a mais bonita das cabrochas dessa ala
Você era a favorita onde eu era mestre-sala

Hoje a gente nem se fala, mas a festa continua
Suas noites são de gala, nosso samba ainda é na rua

Hoje o samba saiu procurando você
Quem te viu, quem te vê
Quem não a conhece não pode mais ver pra crer
Quem jamais a esquece não pode reconhecer

Quando o samba começava, você era a mais brilhante
E se a gente se cansava, você só seguia adiante
Hoje a gente anda distante do calor do seu gingado
Você só dá chá dançante onde eu não sou convidado

Hoje o samba saiu procurando você
Quem te viu, quem te vê
Quem não a conhece não pode mais ver pra crer
Quem jamais a esquece não pode reconhecer

Todo ano eu lhe fazia uma cabrocha de alta classe
De dourado eu lhe vestia pra que o povo admirasse
Eu não sei bem com certeza por que foi que um belo dia
Quem brincava de princesa acostumou na fantasia

Hoje o samba saiu procurando você
Quem te viu, quem te vê
Quem não a conhece não pode mais ver pra crer
Quem jamais a esquece não pode reconhecer

Hoje eu vou sambar na pista, você vai de galeria
Quero que você assista na mais fina companhia
Se você sentir saudade, por favor não dê na vista
Bate palmas com vontade, faz de conta que é turista

Hoje o samba saiu procurando você
Quem te viu, quem te vê
Quem não a conhece não pode mais ver pra crer
Quem jamais a esquece não pode reconhecer

Mostrada pela primeira vez em fevereiro de 1967, no programa *Pra ver a banda passar*, a canção foi composta, segundo Chico, bem ao estilo de Ataulfo Alves, um dos compositores que ele admirava e com quem se encontrava com alguma frequência num barzinho próximo à TV Record. Nara Leão resolveu incluí-la no seu LP daquele ano, e o compositor sugeriu que se eliminasse uma ou duas estrofes, por entender que a letra era muito longa. Porém ela chegou completa às paradas de sucesso na voz de Nara. Em gravações posteriores Chico suprimiu a estrofe, que, todavia, ficaria gravada na memória popular:

O meu samba se marcava na cadência dos seus passos
O meu sono se embalava no carinho dos seus braços
Hoje de teimoso eu passo bem em frente ao seu portão
Pra lembrar que sobra espaço no barraco e no cordão

Com dois LPs e alguns compactos, sem que percebesse, ele entrava no centro de um furacão chamado *Roda-viva*.

Chico Buarque durante ensaio da peça *Roda-viva*.

1967

Mas eis que chega a roda-viva

O ano de 1967 começava com uma nova Constituição outorgada, que pretendia dar ares de normalidade ao arbítrio que se instalara. Em março Castello Branco daria posse ao segundo presidente militar, o marechal Arthur da Costa e Silva. Confirmando a desvalorização da moeda que Chico cantara em "Tamandaré", em fevereiro uma reforma monetária instituía o cruzeiro novo, equivalente a mil cruzeiros antigos. Grupos armados de esquerda se organizavam no campo e nas cidades. O governo cria o CIE (Centro de Informações do Exército) – órgão de inteligência para conter a oposição. Aumentam as denúncias de torturas a presos políticos. Surge o movimento tropicalista.

Entre uma e outra viagem, apresentações em tevês e dois festivais, Chico gravou três compactos e o LP *Chico Buarque de Hollanda* vol. 2, e escreveu a peça *Roda-viva*, que tanto daria o que falar.

Ano-novo (1967)

Chico Buarque

O rei chegou
E já mandou tocar os sinos
Na cidade inteira
É pra cantar os hinos
Hastear bandeiras
E eu que sou menino
Muito obediente
Estava indiferente
Logo me comovo
Pra ficar contente
Porque é Ano-novo

Há muito tempo
Que essa minha gente
Vai vivendo a muque
É o mesmo batente
É o mesmo batuque
Já ficou descrente
É sempre o mesmo truque
E quem já viu de pé
O mesmo velho ovo
Hoje fica contente
Porque é Ano-novo

A minha nega me pediu um vestido
Novo e colorido
Pra comemorar
Eu disse:
Finja que não está descalça
Dance alguma valsa
Quero ser seu par
E ao meu amigo que não vê mais graça
Todo ano que passa
Só lhe faz chorar
Eu disse:

Homem, tenha seu orgulho
Não faça barulho
O rei não vai gostar

E quem for cego veja de repente
Todo o azul da vida
Quem estiver doente
Saia na corrida
Quem tiver presente
Traga o mais vistoso
Quem tiver juízo
Fique bem ditoso
Quem tiver sorriso
Fique lá na frente
Pois vendo valente
E tão leal seu povo
O rei fica contente
Porque é Ano-novo

A despretensiosa canção de pouco mais de um minuto, com letra longa e sem refrões de impacto, exceção feita ao verso "porque é Ano-novo" que fecha cada estrofe, não despertou grande interesse, talvez eclipsada pelos demais sucessos que o disco continha. Mas não passou incólume. Adélia Bezerra de Meneses, autora de *Desenho mágico – Poesia e política* em Chico Buarque, lembra que a ditadura entendeu o recado: uma crítica à alegria por decreto que o governo gostaria que reinasse entre a população. Durante alguns meses sua execução em rádio foi proibida.

Um chorinho (1967)

Chico Buarque

Para o filme *Garota de Ipanema*, de Leon Hirszman

Ai, o meu amor, a sua dor, a nossa vida
Já não cabem na batida
Do meu pobre cavaquinho
Quem me dera
Pelo menos um momento
Juntar todo sofrimento
Pra botar nesse chorinho
Ai, quem me dera ter um choro de alto porte
Pra cantar com a voz bem forte
E anunciar a luz do dia
Mas quem sou eu
Pra cantar alto assim na praça
Se vem dia, dia passa
E a praça fica mais vazia

Vem, morena,
Não me despreza mais, não
Meu choro é coisa pequena
Mas roubado a duras penas
Do coração
Meu chorinho
Não é uma solução
Enquanto eu cantar sozinho
Quem cruzar o meu caminho, não para não

Mas não faz mal
E quem quiser que me compreenda
Até que alguma luz acenda, este meu canto continua
Junto meu canto a cada pranto, a cada choro,
Até que alguém me faça coro pra cantar na rua

A música foi cantada por Chico no filme *Garota de Ipanema*, num ambiente típico dos encontros de bossanovistas: um banquinho, um violão e gente sentada no chão. No DVD *Cinema* ele diz que do filme pouco se lembra, porque

> *tinha uma história de que a gente bebia muito – e, de fato, bebia. Então aproveitavam, e já que bebia mesmo, bebia em cena... Davam uísque pra gente, e quando rodava você já tava bêbado, e quando assistia acho que também tava bêbado – por isso não lembro como era esse filme.*

A peça *Roda-viva* nada tinha de político. Refletia tão somente o ambiente em que Chico vivia e com o qual estava assustado: o show business. Ela descreve a trajetória do cantor popular Benedito Silva, engolido pelo esquema da televisão. Num primeiro momento o Anjo, seu empresário, o transforma em Ben Silver, depois em Benedito Lampião, para, finalmente, quando não mais atende aos interesses da máquina, induzi-lo à morte.

A encenação ficou a cargo de José Celso Martinez Correa, que tinha em seu currículo a controvertida montagem de *O rei da vela* (Oswald de Andrade) – que se tornaria um marco do Tropicalismo. Numa época em que se acreditava que o teatro devia sacudir e provocar a plateia, a história serviu de pretexto para os exercícios do diretor, mas também para Chico despregar-se da incômoda imagem de bom moço que lhe imputavam. Tudo foi feito de comum acordo com o autor, que jamais se eximiu de qualquer responsabilidade.

A peça estreou no Teatro Princesa Isabel em 15 de janeiro de 1968, e tinha no elenco Marieta Severo, com quem Chico se casara. Após a temporada carioca, houve uma montagem em São Paulo. Na noite de 17 de julho, a organização paramilitar CCC (Comando de Caça aos Comunistas) invadiu e depredou o teatro, destruiu o cenário e espancou violentamente os atores. Ninguém foi responsabilizado. Até mesmo um apoiador do regime como Nelson Rodrigues escreveu: "Desde a Primeira Missa, nunca se viu, aqui, indignidade tamanha". No primeiro espetáculo após o ato terrorista, Chico estava presente, solidarizando-se com o elenco. Meses depois a agressão se repetiria em Porto Alegre, pondo um ponto final na carreira da peça.

Chico suspeita, não sem motivos, que o CCC pretendia atacar o elenco do espetáculo *Feira Paulista de Opinião*, dirigido por Augusto Boal, que acontecia em outra sala do mesmo teatro. Como a função da *Feira* já havia terminado, o grupo resolveu atacar a *Roda-viva*, para não perder a viagem. O que torna essa hipótese plausível é que o general que o interrogou em dezembro de 1968 referia-se a uma cena em que um ator defeca num capacete militar. Chico pensou: "Ih! O Zé Celso exagerou". Tempos depois ele soube que a cena descrita acontecera na *Feira Paulista de Opinião*.

Roda-viva (1967)

Chico Buarque

Para a peça *Roda-viva*, de Chico Buarque

Tem dias que a gente se sente
Como quem partiu ou morreu
A gente estancou de repente
Ou foi o mundo então que cresceu
A gente quer ter voz ativa
No nosso destino mandar
Mas eis que chega a roda-viva
E carrega o destino pra lá
Roda mundo, roda-gigante
Rodamoinho, roda pião
O tempo rodou num instante
Nas voltas do meu coração

A gente vai contra a corrente
Até não poder resistir
Na volta do barco é que sente
O quanto deixou de cumprir
Faz tempo que a gente cultiva
A mais linda roseira que há
Mas eis que chega a roda-viva
E carrega a roseira pra lá
Roda mundo (etc.)

A roda da saia, a mulata
Não quer mais rodar, não senhor
Não posso fazer serenata
A roda de samba acabou
A gente toma a iniciativa
Viola na rua, a cantar
Mas eis que chega a roda-viva
E carrega a viola pra lá
Roda mundo (etc.)

O samba, a viola, a roseira
Um dia a fogueira queimou
Foi tudo ilusão passageira
Que a brisa primeira levou
No peito a saudade cativa
Faz força pro tempo parar
Mas eis que chega a roda-viva
E carrega a saudade pra lá
Roda mundo (etc.)

"Roda-viva" obteve o terceiro lugar no III Festival da Música Popular Brasileira da TV Record (setembro e outubro de 1967), que teve como vencedora "Ponteio" (Edu Lobo-Capinan). Em segundo ficou "Domingo no parque" (Gilberto Gil) e, em quarto, "Alegria, alegria" (Caetano Veloso). Estas duas foram as responsáveis pela incorporação da guitarra elétrica à MPB: os Mutantes, grupo expoente do rock brasileiro, acompanharam Gil em "Domingo no parque"; em "Alegria, alegria", Caetano contou com a participação dos Beat Boys, vinculados à Jovem Guarda.

Estimulada em boa medida pela imprensa, é dessa época a dicotomia estéril "Chico ou Caetano", que permeou durante muito tempo as discussões sobre MPB.

Januária (1967)

Chico Buarque

Toda gente homenageia
Januária na janela
Até o mar faz maré cheia
Pra chegar mais perto dela
O pessoal desce na areia
E batuca por aquela
Que, malvada, se penteia
E não escuta quem apela

Quem madruga sempre encontra
Januária na janela
Mesmo o sol quando desponta
Logo aponta os lados dela
Ela faz que não dá conta
De sua graça tão singela
O pessoal se desaponta
Vai pro mar, levanta vela

Numa noite de boemia, o pintor Di Cavalcanti prometeu a Chico um quadro seu. Cumpriu a promessa enviando Januária, que foi o ponto de partida para essa composição.

Quando eu organizava as canções para o livro *Chico Buarque letra e música*, Chico me perguntou de onde eu havia tirado o verso "logo aponta os lábios dela", já que o correto era "logo aponta os lados dela". Respondi que era assim mesmo que ele cantava no LP de 1968. Preocupado com o erro, pus-me a escutar o velho vinil, até que, finalmente, o ouvido viciado conseguiu entender que, de fato, era "lados". Inconformado com minha falta de sensibilidade, compartilhei a dúvida com pessoas amigas, e 90% delas entendiam "lábios". Não foi um consolo nem uma justificativa, mas me senti aliviado quando descobri que tanto Isaurinha Garcia (no álbum *Chico Buarque e Noel Rosa*) como Caetano Veloso (no CD *Contemporâneos*, de Dori Caymmi) cantam "lábios". Imediatamente enviei um e-mail ao compositor narrando o fato e concluí: "Só privilegiados têm ouvido igual ao seu. Eu e Caetano, só o que Deus nos deu". Chico nunca respondeu.

Em 2004, na exposição comemorativa de seus 60 anos, com curadoria de seu sobrinho Zeca Buarque Ferreira, um manuscrito mostrava que num primeiro rascunho o verso era “sempre aponta a casa dela”.

Carolina (1967)

Chico Buarque

Carolina
Nos seus olhos fundos
Guarda tanta dor
A dor de todo esse mundo
Eu já lhe expliquei que não vai dar
Seu pranto não vai nada mudar
Eu já convidei para dançar
É hora, já sei, de aproveitar
Lá fora, amor
Uma rosa nasceu
Todo mundo sambou
Uma estrela caiu
Eu bem que mostrei sorrindo
Pela janela, ói que lindo
Mas Carolina não viu

Carolina
Nos seus olhos tristes
Guarda tanto amor
O amor que já não existe
Eu bem que avisei, vai acabar
De tudo lhe dei para aceitar
Mil versos cantei pra lhe agradar
Agora não sei como explicar
Lá fora, amor
Uma rosa morreu
Uma festa acabou
Nosso barco partiu
Eu bem que mostrei a ela
O tempo passou na janela
Só Carolina não viu

Chico estava na casa de um amigo em Salvador quando soube pelo rádio que a música, interpretada pela dupla Cynara e Cybele, ficara em terceiro lugar no II Festival Internacional da Canção Popular (outubro de 1967), perdendo para "Margarida" (Gutemberg Guarabyra) e "Travessia" (Milton Nascimento). Ele tinha motivos pra não gostar da canção, e com os anos surgiriam outros. O jornalista Humberto Werneck conta, em *Chico Buarque letra e música*, que, por orientação do ator Hugo Carvana, ele aceitara um convite para apresentar o programa *Shell em show maior* na jovem TV Globo. Gravou o primeiro e simplesmente não apareceu para gravar o segundo, de tão envergonhado que ficou. E como televisão, além de show, é sobretudo business, a Globo decidiu cobrar judicialmente a multa contratual. O superintendente da emissora, Walter Clark, fez chegar a Chico a proposta conciliatória: bastava uma música inscrita no festival e o processo terminaria. Ele aceitou, e assim nasceu "Carolina", cuja letra foi feita num avião, "nas coxas mesmo".

Esse, porém, não seria o único dos motivos. Em 1968 a música apareceria como uma das preferidas do marechal Costa e Silva, na voz de Agnaldo Rayol. Mas não para por aí. A gravação de Caetano Veloso no seu LP de 1969 seria um dos arranhões a abalar a sólida amizade dos dois compositores.

Em entrevista ao tablóide *Opinião*, Caetano negou que houvesse deboche na gravação:

> *É uma das poucas boas gravações que eu já fiz (só gosto dela, de "Coração vagabundo" e de mais uma ou duas). Uma "Carolina" bem emocional. Também foi a época que eu fiquei confinado na Bahia e via sempre na televisão a música em todos os programas de calouros. Ela virou uma espécie de subtexto lírico nacional, e eu sei que o Chico nem ligava muito pra ela. Cantando daquela maneira, eu senti que estava modificando isso, descarregando um pouco da minha irritação.*

Mais tarde Caetano retoma o assunto em seu livro *Verdade tropical*:

> *Claro que havia uma agressividade necessária contra o culto unânime a Chico em nossas atitudes. Quando gravei, em 69, a "Carolina"*

num tom estranhável, eu claramente queria, entre outras coisas, relativizar a obra de Chico (embora não fosse essa, ali, a principal motivação). [...] É preciso ter em mente que a glória indiscutível de Chico nos anos 60 era um empecilho à afirmação do nosso projeto.

Em que pesem as desavenças – todas mais que superadas –, é de Caetano uma das melhores definições do papel que Chico representou naquele momento da música popular brasileira: "Chico Buarque anda pra frente arrastando a tradição".

O tempo e uma boa causa proporcionaram a reaproximação entre o criador e a criatura tão problemática. Em 1987 o Banco do Brasil produziu o disco *Há sempre um nome de mulher* para a campanha pelo aleitamento materno, e Chico não titubeou em gravar "Carolina", após vinte anos.

Chico Buarque e Tom Jobim no conturbado III Festival Internacional da Canção, em que "Sabiá" saiu vencedora.

1968

Um marinheiro me contou que a brisa lhe soprou que vem aí bom tempo

No explosivo ano de 1968, o PC do B (Partido Comunista do Brasil) prepara-se para a luta armada no Araguaia. Nas cidades, aumenta o número de manifestações estudantis violentamente reprimidas (algumas com mortes), de greves, atentados e assaltos a bancos e instalações militares. Por seu lado, a direita contra-ataca destruindo editoras e teatros com matiz de esquerda. Em 26 de junho acontece no Rio de Janeiro a Passeata dos Cem Mil. Em outubro o governo prende quase mil jovens reunidos em Ibiúna-SP, no Congresso da UNE (União Nacional dos Estudantes).

Nesse ambiente foi lançado o terceiro LP de Chico e aconteceram os mais conturbados festivais de que ele participou, conseguindo, entretanto, classificar uma canção em cada um deles.

Ela desatinou (1968)

Chico Buarque

Ela desatinou
Viu chegar quarta-feira
Acabar brincadeira
Bandeiras se desmanchando
E ela inda está sambando

Ela desatinou
Viu morrer alegrias
Rasgar fantasias
Os dias sem sol raiando
E ela inda está sambando

Ela não vê que toda gente
Já está sofrendo normalmente
Toda a cidade anda esquecida
Da falsa vida da avenida onde

Ela desatinou
Viu morrer alegrias
Rasgar fantasias
Os dias sem sol raiando
E ela inda está sambando

Quem não inveja a infeliz
Feliz no seu mundo de cetim
Assim debochando
Da dor, do pecado
Do tempo perdido
Do jogo acabado

Nem toda composição tem uma história, um motivo ou uma fonte de inspiração precisa. Indagado sobre a origem de "Ela desatinou", ele acredita que tenha sido uma cena de foliões desorientados pela cidade após o carnaval. Após dizer que o que importa é a obra em si e não a sua periferia, ele arremata: "Tenho a impressão que foi notícia de jornal. Mas se não for, pode ser, porque isso deve acontecer sempre".

Retrato em branco e preto (1968)

Tom Jobim-Chico Buarque

Já conheço os passos dessa estrada
Sei que não vai dar em nada
Seus segredos sei de cor
Já conheço as pedras do caminho
E sei também que ali sozinho
Eu vou ficar, tanto pior
O que é que eu posso contra o encanto
Desse amor que eu nego tanto
Evito tanto
E que no entanto
Volta sempre a enfeitiçar
Com seus mesmos tristes velhos fatos
Que num álbum de retratos
Eu teimo em colecionar

Lá vou eu de novo como um tolo
Procurar o desconsolo
Que cansei de conhecer
Novos dias tristes, noites claras
Versos, cartas, minha cara
Ainda volto a lhe escrever
Pra lhe dizer que isso é pecado
Eu trago o peito tão marcado
De lembranças do passado
E você sabe a razão
Vou colecionar mais um soneto
Outro retrato em branco e preto
A maltratar meu coração

A canção de Tom Jobim, feita em 1965, chamava-se "Zíngaro" – porque Tom, vivendo nos Estados Unidos, sentia-se como um cigano –, e já havia sido gravada no LP *A Certain Mr. Jobim*, com a participação do arranjador alemão Claus Ogerman. Tom passou a Chico diversas músicas desse álbum, e a primeira letra que saiu foi "Retrato em branco e preto".

Nos primórdios da parceria, estimulada por Vinicius de Moraes, Tom pouco palpitava, o que viria a acontecer com muita frequência quando o tempo e a intimidade permitiram. Chico atribui a benevolência e a tolerância iniciais ao paternalismo do maestro, que queria dar uma forcinha ao jovem letrista. Mesmo assim houve discussões.

Quando o Quarteto em Cy estava para gravar a canção, Chico decidiu mudar a expressão "peito tão marcado" por "peito carregado", e explicou ao parceiro que "tão" havia sido uma muleta para completar as sílabas da canção. A alteração foi aceita, mas logo depois o maestro telefonava pedindo que mantivesse a versão original, porque "peito carregado" tinha também a conotação de tosse. Chico cedeu.

Em outra ocasião Tom teria dito a Chico que ninguém fala: "retrato em branco e preto", e que a expressão correta seria "preto e branco". Ao que Chico teria respondido: "Então tá. Fica assim: 'Vou colecionar mais um tamanco/outro retrato em preto e branco'". Diante de uma tamancada tão convincente, Tom entregou os pontos.

Bom tempo (1968)

Chico Buarque

Um marinheiro me contou
Que a boa brisa lhe soprou
Que vem aí bom tempo
O pescador me confirmou
Que o passarinho lhe cantou
Que vem aí bom tempo

Dou duro toda a semana
Senão pergunte à Joana
Que não me deixa mentir
Mas finalmente é domingo
Naturalmente, me vingo

Eu vou me espalhar por aí
No compasso do samba
Eu disfarço o cansaço
Joana debaixo do braço
Carregadinha de amor
Vou que vou
Pela estrada que dá numa praia dourada
Que dá num tal de fazer nada
Como a natureza mandou
Vou
Satisfeito, a alegria batendo no peito
O radinho contando direito
A vitória do meu tricolor
Vou que vou
Lá no alto
O sol quente me leva num salto
Pro lado contrário do asfalto
Pro lado contrário da dor

Um marinheiro me contou
Que a boa brisa lhe soprou
Que vem aí bom tempo
O pescador me confirmou
Que um passarinho lhe cantou
Que vem aí bom tempo
Ando cansado da lida
Preocupada, corrida, surrada, batida
Dos dias meus
Mas uma vez na vida
Eu vou viver a vida
Que pedi a Deus

A I Bienal do Samba, realizada nos meses de maio e junho de 1968 pela TV Record, em São Paulo, foi vencida por "Lapinha", de Baden Powell e Paulo César Pinheiro. A despeito das vaias, uma novidade para quem passara ileso por todos os festivais, "Bom tempo" ficou em segundo lugar.

A letra otimista foi considerada por muitos como descolada da realidade, que requeria engajamento político dos artistas, e acentuou o distanciamento de Chico em relação à esquerda tradicional de um lado e, de outro, do Tropicalismo. Dez anos depois, quando ele era tido como engajado e o patrulhamento ideológico exigia igual posicionamento de outros colegas, declarou: "Acho absurda a mania de cobrar do artista um engajamento político sobre sua arte". Em entrevista para a *Folha de S.Paulo*, ele diz que "Bom tempo" revelava o mesmo otimismo da elogiadíssima "O que será" (1976), porém com outra linguagem.

Sabiá (1968)

Tom Jobim-Chico Buarque

Vou voltar
Sei que ainda vou voltar
Para o meu lugar
Foi lá e é ainda lá
Que eu hei de ouvir cantar
Uma sabiá
Cantar uma sabiá

Vou voltar
Sei que ainda vou voltar
Vou deitar à sombra
De uma palmeira
Que já não há
Colher a flor
Que já não dá
E algum amor
Talvez possa espantar
As noites que eu não queria
E anunciar o dia

Vou voltar
Sei que ainda vou voltar
Não vai ser em vão
Que fiz tantos planos
De me enganar

Como fiz enganos
De me encontrar
Como fiz estradas
De me perder
Fiz de tudo e nada
De te esquecer

Vou voltar
Sei que ainda vou voltar
Para o meu lugar
Foi lá e é ainda lá
Que eu hei de ouvir cantar
Uma sabiá
Cantar uma sabiá

Originalmente, a canção se chamava "Gávea", e fora composta por Tom Jobim ao estilo das modinhas de Villa-Lobos, para ser incluída no repertório da soprano Maria Lúcia Godoy. Possivelmente com o intuito de fugir da incômoda função de jurado, para a qual sempre era convidado, Tom resolveu inscrever uma música no III Festival Internacional da Canção Popular, organizado pela Secretaria de Turismo da Guanabara e pela TV Globo nos meses de setembro e outubro de 1968, e pediu a Chico que fizesse a letra.

A ideia de usar "uma sabiá" foi de Tom – que afirmava que caçador não diz "um sabiá". E, de fato, o *Dicionário Aurélio* registra que no Nordeste a palavra é usada no feminino. O curioso é que na primeira vez em que gravou a canção, Tom recusou a própria sugestão e cantou no masculino. Outra interferência sua foi incluir, na última hora e por conta própria, uma estrofe adicional que seria eliminada em gravações subsequentes:

Vou voltar, sei que ainda vou voltar
E é pra ficar, sei que o amor existe
Eu não sou mais triste
E que a nova vida já vai chegar
E que a solidão vai se acabar
E que a solidão vai se acabar

A fase paulista do festival era uma prévia da animosidade que dominaria o ambiente até a final. Formara-se uma imensa torcida por "Pra não dizer que não falei das flores", de Geraldo Vandré. Era uma música simples, de poucos acordes e forte apelo. O refrão "Vem, vamos embora/ Que esperar não é saber/ Quem sabe faz a hora/ Não espera acontecer" tocava fundo a juventude universitária engajada que constituía majoritariamente o público dos festivais.

Na final paulista, mal Caetano Veloso começara a cantar "É proibido proibir", a plateia irrompeu em vaias que impediram que ele chegasse ao final da apresentação. Irritado, ele se apossou do microfone e fez o célebre discurso em que diz: "Mas é isso que é a juventude que diz que quer tomar o poder? Vocês têm coragem de aplaudir, este ano, uma música, um tipo de música que vocês não teriam coragem de aplaudir no ano passado!". No final, recusou o quinto lugar obtido, em solidariedade a Gilberto Gil, que não classificara sua "Questão de ordem".

O campo da batalha final seria o Estádio do Maracanãzinho, no Rio de Janeiro. Chico tinha compromissos em Veneza e deixou o parceiro só na arena. "Sabiá" e "Pra não dizer que não falei das flores" foram apresentadas na segunda eliminatória da fase nacional, em 28 de setembro de 1968, e ambas se classificaram para a finalíssima, que seria no dia seguinte. Pela reação da plateia, podia-se antever um clima pra lá de agitado. Clima tenso havia também entre os jurados. Corriam denúncias de que a organização, temendo represálias da ditadura, advertira o júri para não premiar canções que fizessem apologia da luta armada.

Chico não estava presente quando recebeu a maior vaia de sua vida. Na madrugada do dia 30 o júri anunciou o segundo classificado: "Pra não dizer que não falei das flores". Portanto, "Sabiá", interpretada pela dupla Cynara e Cybele, vencera. O estádio explodiu em vaias e gritos de "Vandré! Vandré!". O próprio aclamado tentou aplacar a ira do público dizendo: "Gente, por favor... Para vocês, que acham que me apoiam vaiando... vocês não me ajudam desrespeitando Tom Jobim e Chico. Tem mais uma coisa só: a vida não se resume a festivais". Mas pouco adiantou.

Tom Jobim confessa que saiu do episódio abalado e chegou a chorar quando se dirigia para a casa de um amigo. Passou um telegrama para Chico pedindo sua presença na final internacional. Com bom humor, ele pretendia ir ao Aeroporto do Galeão recepcionar o parceiro com a parte das vaias que lhe cabia. Mas na noite anterior participara de um jantar com astros e estrelas internacionais na casa do jornalista Roberto Marinho e perdeu a hora. Chico se livrou mais uma vez.

"Sabiá" venceu também a fase internacional, desta vez com algumas vaias e muitos aplausos.

Começava o declínio dos festivais. A MPB ganhava uma linda canção, e Tom Jobim perdia algumas garrafas de uísque, porque apostara com Vinicius e outros amigos que "Sabiá" não seria a primeira colocada.

Benvinda (1968)

Chico Buarque

Dono do abandono e da tristeza
Comunico oficialmente
Que há lugar na minha mesa
Pode ser que você venha
Por mero favor
Ou venha coberta de amor
Seja lá como for
Venha sorrindo, ai
Benvinda
Benvinda
Benvinda
Que o luar está chamando
Que os jardins estão florindo
Que eu estou sozinho

Cheio de anseios e esperança
Comunico a toda a gente
Que há lugar na minha dança
Pode ser que você venha
Morar por aqui
Ou venha pra se despedir
Não faz mal
Pode vir até mentindo, ai
Benvinda
Benvinda
Benvinda

Que o meu pinho está chorando
Que o meu samba está pedindo
Que eu estou sozinho

Venha iluminar meu quarto escuro
Venha entrando como o ar puro
Todo novo da manhã
Venha minha estrela madrugada
Venha minha namorada
Venha amada
Venha urgente
Venha irmã
Benvinda
Benvinda
Benvinda
Que essa aurora está custando
Que a cidade está dormindo
Que eu estou sozinho

Certo de estar perto da alegria
Comunico finalmente
Que há lugar na poesia
Pode ser que você tenha
Um carinho para dar
Ou venha pra se consolar
Mesmo assim pode entrar
Que é tempo ainda, ai
Benvinda
Benvinda
Benvinda
Ah, que bom que você veio
Que você chegou tão linda
Eu não cantei em vão
Benvinda
Benvinda
Benvinda
Benvinda
Benvinda
No meu coração

Novamente na contramão da música engajada, Chico inscreveu o samba "Benvinda" no IV Festival da Música Popular Brasileira, que aconteceu em novembro e dezembro de 1968, em São Paulo.

Foi um pouco mais de lenha na fogueira tropicalistas *versus* Chico. Um jornalista afirmou ter visto Gilberto Gil entre os que gritavam "superado!" enquanto Chico se apresentava com o MPB-4 na terceira eliminatória, em 2 de dezembro. Gil diz que se levantara, sim, mas em defesa de Chico. Exatamente no dia da final, o jornal *Última Hora* publicava um artigo de Chico Buarque referindo-se ao episódio e discutindo a oposição entre tradição e inovação. A frase que fecha o texto e que lhe dá título define tudo: "Nem toda loucura é genial. Nem toda lucidez é velha".

> *Estava mal chegando a São Paulo, quando um repórter me provocou: "Mas como, Chico, mais um samba? Você não acha que isso já está superado?". Não tive tempo de me defender ou de atacar os outros, coisa que anda muito em voga. Já era hora de enfrentar o dragão, como diz o Tom. Enfrentar as luzes, os cartazes e a plateia, onde distingui um caro colega regendo um coro pra frente, de franca oposição. Fiquei um pouco desconcertado pela atitude do meu amigo, um homem sabidamente isento de preconceitos. Foi-se o tempo em que ele me censurava amargamente, numa roda revolucionária, pelo meu desinteresse em participar de uma passeata cívica contra a guitarra elétrica. Nunca tive nada contra esse instrumento, como nada tenho contra o tamborim. O importante é ter Mutantes e Martinho da Vila no mesmo palco.*
>
> *Mas, como eu ia dizendo, estava voltando da Europa e de sua música estereotipada, onde samba, toada etc. são ritmos virgens para seus melhores músicos, indecifráveis para seus cérebros eletrônicos. "Só tenho uma opção", confessou-me um italiano, "sangue novo ou a antimúsica. Veja, os Beatles foram à Índia..." Donde se conclui como precipitada a opinião, entre nós, de que estaria morto o nosso ritmo, o lirismo e a malícia, a malemolência. É certo que se deve romper com as estruturas. Mas a música brasileira, ao contrário de outras artes, já traz dentro de si os elementos de renovação. Não se trata de defender a tradição, família ou propriedade de ninguém. Mas foi com o samba que João Gilberto rompeu as estruturas da nossa can-*

ção. E se o rompimento não foi universal, culpa é do brasileiro, que não tem vocação pra exportar coisa alguma. Quanto a festival, acho justo que estejam todos ansiosos por um primeiro prêmio. Mas não é bom usar de qualquer recurso, nem se deve correr com estrondo atrás do sucesso, senão ele se assusta e foge logo. E não precisa dar muito tempo para se perceber "que nem toda loucura é genial, como nem toda lucidez é velha".

Na final, realizada na TV Record em 9 de dezembro de 1968, a canção ficou em sexto lugar no júri oficial (o primeiro foi para Tom Zé, com "São, São Paulo meu amor"), mas ganhou a primeira posição no júri popular.

Pois é (1968)

Tom Jobim-Chico Buarque

Pois é
Fica o dito e o redito por não dito
E é difícil dizer que foi bonito
É inútil cantar o que perdi

Taí
Nosso mais-que-perfeito está desfeito
E o que me parecia tão direito
Caiu desse jeito sem perdão

Então
Disfarçar minha dor eu não consigo
Dizer: somos sempre bons amigos
É muita mentira para mim

Enfim
Hoje na solidão ainda custo
A entender como o amor foi tão injusto
Pra quem só lhe foi dedicação

Pois é, e então...

A segunda parceria com Tom, anterior a "Sabiá", é responsável por um momento único na televisão brasileira: Chico e Elis Regina cantando juntos na inauguração do Teatro Bandeirantes, no Rio de Janeiro, em 1974.

Numa sexta-feira 13 de dezembro, usando como pretexto o fato de a Câmara haver negado o pedido para abrir processo contra o deputado Márcio Moreira Alves por suposta agressão às Forças Armadas, o governo baixa o Ato Institucional nº 5. São suspensas todas as garantias individuais. O Congresso é fechado. Centenas de pessoas são presas – entre elas, o ex-presidente Juscelino Kubitschek, Gilberto Gil e Caetano Veloso. Estabelece-se formalmente a censura à imprensa. O país mergulhava no mais sombrio período de sua história: os anos de chumbo.

No dia 18 de dezembro, Chico foi retirado de dentro da sua casa, levado para o Dops (Departamento de Ordem Política e Social) e depois para um quartel do Exército. Após o interrogatório, foi informado de que deveria comunicar às autoridades militares toda vez que pretendesse sair da cidade. Era muito constrangimento e desconforto para quem preza e defende a liberdade. Ele já tinha agendada uma viagem para participar de uma feira de disco na França. Dali seguiu para Roma, onde deveria gravar um disco, e lá ficou até março de 1970. A boa brisa e o passarinho de "Bom tempo" se enganaram. O tempo iria fechar. E muito.

Chico e Marieta (com a filha Silvia) desembarcam no Rio após o autoexílio na Itália.

1969/71

Apesar de você, amanhã há de ser outro dia

A escolha da Itália para o autoexílio se deveu a dois fatores: lá Chico passara dois anos de sua infância e, portanto, dominava o idioma; e o sucesso que a gravação de "A banda" pela cantora Mina fizera naquele país lhe valeu um convite para a gravação de um disco. No começo correu tudo bem, mas, com o passar do tempo, ele deixou de ser a novidade, o autor da "Banda" em visita ao país, para se tornar um residente. A partir daí começaram a escassear os convites para shows, e a situação ameaçava se complicar. Era necessário trabalhar. Afinal, ele estava casado, e havia uma boca a mais para sustentar: sua filha Silvia, que nascera em março de 1969.

Um empresário acenou com a possibilidade de uma série de shows pelo interior da Itália, e Chico, mais do que depressa, convidou Toquinho, que estava no Brasil, para acompanhá-lo na turnê. Só ao chegar a Roma é que o amigo ficou sabendo que os shows não aconteceriam. Era cascata do empresário irresponsável, que desapareceu assim como surgiu. O que sobrou para a dupla foi acompanhar Josephine Baker, norte-americana naturalizada francesa, em 45 apresentações por cidades italianas. O popstar tornara-se coadjuvante da veterana dançarina e cantora. Os dois faziam a primeira parte do espetáculo. Chico se lembra da cara de espanto que a plateia – composta de gente da mesma faixa etária da cantora de 63 anos – fazia ao ouvir aqueles brasileiros cantando coisas estranhas. Com exceção de "A banda", as demais canções não despertavam o menor interesse naquele público.

Era preciso ter um disco em italiano, uma vez que as rádios não executavam músicas em outro idioma. O compositor Sergio Bardotti – autor de "Canzone per te", com a qual o brasileiro Roberto Carlos se projetara internacionalmente ao vencer o Festival de San Remo, em 1968 – traduziu as letras. Para fazer os arranjos, ninguém menos que o maestro Ennio Morricone, que havia assinado trilhas sonoras de alguns filmes campeões de bilheteria, como *Por um punhado de dólares* (1964), e que acabou inspirando o título do primeiro disco de Chico na Itália: *Per um pugno di samba* (1970). O álbum trazia sucessos dos LPs lançados no Brasil e três novas canções: "Nicanor", "Não fala de Maria" e "Samba e amor". Mais tarde, os mesmos arranjos serviram de base para que ele colocasse a voz em português num novo disco chamado *Sambas do Brasil*. Nenhum dos dois fez sucesso, mas um dinheirinho sempre entrava, e Chico ia tocando sua vida de autoexilado fazendo alguns bicos e chegando até a contribuir com artigos para *O Pasquim*, publicação recém-criada e que em pouco tempo transformou-se em referência no jornalismo brasileiro.

Mas o grosso do dinheiro que lhe permitia viver na Itália vinha de um adiantamento que a gravadora Philips lhe fizera em troca de lançar um disco no Brasil. As circunstâncias em que *Chico Buarque de Hollanda* nº 4 foi produzido – exílio, necessidades financeiras, pressão da gravadora, responsabilidade familiar, incertezas sobre sua própria obra e carreira – fizeram deste o mais irregular de seus discos, conforme Chico admitiu em entrevista para a Rádio Eldorado de São Paulo em 1989. As bases foram gravadas no Brasil, e a voz, colocada em Roma, como que refletindo sua própria situação de dividido entre os dois países. Muitas vezes, sob pressão, a letra foi terminada minutos antes da gravação. Referindo-se às dificuldades econômicas, ele conclui, rindo: "A história é essa. É um disco feito por necessidade. Os outros três anteriores são desnecessários".

Ilmo. sr. Ciro Monteiro ou Receita pra virar casaca de neném (1969)

Chico Buarque

Amigo Ciro
Muito te admiro
O meu chapéu te tiro
Muito humildemente
Minha petiz
Agradece a camisa
Que lhe deste à guisa
De gentil presente
Mas caro nego
Um pano rubro-negro
É presente de grego
Não de um bom irmão
Nós separados
Nas arquibancadas
Temos sido tão chegados
Na desolação

Amigo velho
Amei o teu conselho
Amei o teu vermelho
Que é de tanto ardor
Mas quis o verde
Que te quero verde
É bom pra quem vai ter
De ser bom sofredor
Pintei de branco o teu preto
Ficando completo
O jogo de cor
Virei-lhe o listrado do peito
E nasceu desse jeito
Uma outra tricolor

Chico foi ao teatro ver um show de Ciro Monteiro, sambista que se notabilizou por cantar batucando numa caixa de fósforos. O cantor aproveitou a oportunidade para dizer que gostaria muito de gravar um samba de Chico, mas que já não tinha memória para letras muito compridas, e brincou: "Eu quero cantar seus sambas, mas não posso. Eles são em capítulos. São grandes, e eu atualmente não posso decorar nem meu nome...". E completou: "Ô Chico, você faz um samba pra mim em que a palavra de maior número de sílabas seja 'oi'". O compositor retrucou dizendo que não, que melhor seria a palavra "nu".

Quando Silvia Buarque nasceu, Ciro, flamenguista roxo, seguindo seu velho hábito, presenteou a recém-nascida com uma camisa do seu time. Chico, que é Fluminense, aproveitou a deixa para pagar a promessa e agradeceu o mimo com esse bem-humorado samba.

Na gravação do álbum *Para os jovens,* Ciro colocou no final uma fala dizendo: "Ô Chico, a Silvinha vai crescer e entender", e terminava com uma gargalhada. Num programa exibido pela TV Educativa em 26-7-1973 o cantor afirmava: "Acontece que a Silvinha entendeu e é Flamengo. E ele [Chico] me chamou de aliciador de menores".

Tão grave acusação deveria ser checada antes de publicada. Enviei o verbete ao Chico, que respondeu: "Calúnia! Silvinha é tricolor!".

Argumentei que ele mesmo, no programa *Ensaio* de 1973, da TV Cultura, dissera que "desgraçadamente [ela] é Flamengo". Chico já não se lembra da entrevista, e garante que a filha é Fluminense. Mas admite que ela possa ter sido Flamengo por um dia, certamente referindo-se ao hino do clube, que diz: "Uma vez Flamengo, Flamengo até morrer".

Gente humilde (1969)

Garoto-Vinicius de Moraes-Chico Buarque

Tem certos dias
Em que eu penso em minha gente
E sinto assim
Todo o meu peito se apertar
Porque parece
Que acontece de repente
Feito um desejo de eu viver
Sem me notar
Igual a como
Quando eu passo no subúrbio
Eu muito bem
Vindo de trem de algum lugar
E aí me dá
Como uma inveja dessa gente
Que vai em frente
Sem nem ter com quem contar

São casas simples
Com cadeiras na calçada
E na fachada
Escrito em cima que é um lar
Pela varanda
Flores tristes e baldias
Como a alegria
Que não tem onde encostar
E aí me dá uma tristeza
No meu peito
Feito um despeito
De eu não ter como lutar
E eu que não creio
Peço a Deus por minha gente
É gente humilde
Que vontade de chorar

Quando, em 1961, Baden Powell mostrou para Vinicius de Moraes o tema musical do violonista e compositor Garoto, a canção já tinha título e até uma letra feita por um poeta mineiro que nunca se identificou:

```
Em um subúrbio afastado da cidade
Vive João e a mulher com quem casou
Em um casebre onde a felicidade
Bateu à porta, foi entrando e lá ficou
E, à noitinha, alguém que passa pela estrada
Ouve ao longe o gemer de um violão que acompanha
A voz da Rita numa canção dolente
É a voz da gente humilde que é feliz
```

Em 1969, em Roma, enquanto aguardava o nascimento de sua afilhada Silvia Buarque, o Poetinha matou dois coelhos com uma só cajadada: colocar nova letra na melodia de Garoto e ter como parceiro o compadre Chico, que já havia letrado três canções de Tom Jobim, o que lhe provocava uma ponta de ciúme. A letra ficou pronta numa noite. Restava o problema da parceria. Vinicius solicitou ao amigo que desse um "jeito" na letra. Mas não havia o que mexer em obra tão irretocável. Vencido pela insistência, Chico escreveu os versos "pelas varandas/ flores tristes e baldias/ Como a alegria/ que não tem onde encostar", imediatamente encaixados no texto pelo poeta – que se apressou em comunicar a Tom Jobim que Chico agora também era seu "parceirinho".

A canção, incluída no quarto LP, tornou-se um sucesso tão grande que até mesmo alguns "chicófilos" chegaram a crer que se tratava de algo de sua autoria. Um famoso teólogo dedica a "Gente humilde" três páginas de um artigo para analisar aspectos da cultura humanista e cristã na obra de Chico.

André Midani, diretor da gravadora Philips, dissera a Chico que as coisas no Brasil estavam melhorando. Só não explicou para quem. Durante 1969, período em que Chico esteve na Itália, continuaram as cassações; Caetano Veloso e Gilberto Gil, após a prisão, exilaram-se em Londres; em abril a ditadura aposentou compulsoriamente Vinicius de Moraes; as denúncias de tortura a presos políticos provocaram até um pronunciamento do papa Paulo VI; a repressão às manifestações conduziu ao recrudescimento das ações armadas; em agosto, o presidente Costa e Silva foi vitimado por uma isquemia cerebral, e uma junta militar assumiu o poder, impedindo a posse do vice, Pedro Aleixo; em setembro, o Congresso, reaberto, elegeu o general Emílio Garrastazu Médici o terceiro presidente do regime militar. E, para completar, o Ato Institucional nº 14, de 5-9-1969, estabeleceu a pena de morte, "em nome da garantia da ordem e da tranquilidade da comunidade brasileira".

Mesmo assim, Chico estava decidido a voltar. Vinicius aconselhou que o fizesse "com barulho". E assim foi feito. Em 20 de março de 1970, Chico, Marieta e Silvia chegaram ao Aeroporto do Galeão, sendo recebidos por amigos, fãs, a Torcida Jovem Flu, bandinha e tudo o mais, mostrado pela tevê. E o "barulho" continuaria com o lançamento do disco, um programa na TV Globo e show na boate Sucata.

Logo percebeu que para ele e milhões de brasileiros as coisas não haviam melhorado. Gravadoras e produtores de espetáculos eram obrigados a submeter previamente as letras de músicas à censura. As redações dos jornais passaram a conviver com a presença constante de censores. Vivia-se o ufanismo que antecedeu a conquista do tricampeonato mundial de futebol, no México, em 1970. Rádios executavam à exaustão "Pra frente, Brasil", de Miguel Gustavo, e "Eu te amo, meu Brasil", da dupla Dom e Ravel. Carros exibiam adesivos como "Brasil! Ame-o ou deixe-o" ou até o ameaçador "Brasil! Ame-o ou morra".

A resposta de Chico ao que viu e não gostou foi a canção "Apesar de você", que ele considera uma de suas únicas músicas realmente de protesto.

Apesar de você (1970)

Chico Buarque

Hoje você é quem manda
Falou, tá falado
Não tem discussão
A minha gente hoje anda
Falando de lado
E olhando pro chão, viu
Você que inventou esse estado
E inventou de inventar
Toda a escuridão
Você que inventou o pecado
Esqueceu-se de inventar
O perdão

Apesar de você
Amanhã há de ser
Outro dia
Eu pergunto a você
Onde vai se esconder
Da enorme euforia
Como vai proibir
Quando o galo insistir
Em cantar
Água nova brotando
E a gente se amando
Sem parar

Quando chegar o momento
Esse meu sofrimento
Vou cobrar com juros, juro
Todo esse amor reprimido
Esse grito contido
Este samba no escuro
Você que inventou a tristeza
Ora, tenha a fineza
De desinventar

Você vai pagar e é dobrado
Cada lágrima rolada
Nesse meu penar

Apesar de você
Amanhã há de ser
Outro dia
Inda pago pra ver
O jardim florescer
Qual você não queria
Você vai se amargar
Vendo o dia raiar
Sem lhe pedir licença
E eu vou morrer de rir
Que esse dia há de vir
Antes do que você pensa

Apesar de você
Amanhã há de ser
Outro dia
Você vai ter que ver
A manhã renascer
E esbanjar poesia
Como vai se explicar
Vendo o céu clarear
De repente, impunemente
Como vai abafar
Nosso coro a cantar
Na sua frente

Apesar de você
Amanhã há de ser
Outro dia
Você vai se dar mal
Etc. e tal

Chico acabara de mostrar a nova composição para Vinicius, e, prevendo atritos com a censura, resolveu consultar o amigo Manuel Barenbein. O experiente produtor ponderou que só haveria problemas se os censores percebessem segundas intenções. E, de fato, num primeiro momento, não houve. Para surpresa geral, a letra foi liberada. Gravada, chegou a vender mais de 100 mil compactos em uma semana.

Tudo ia bem, até que uma notinha publicada num jornal do Rio de Janeiro insinuou que o "você" era na verdade o presidente Médici. Chico, já preparado, disse cinicamente que se tratava de uma mulher muito mandona. Não colou. A polícia recolheu as cópias das lojas, invadiu a fábrica para destruir o estoque, proibiu sua execução nas rádios e, de quebra, puniu o censor que deixara escapar tamanho desrespeito. Felizmente, não conseguiu desaparecer com a matriz, que seria aproveitada em seu disco de 1978.

Chico conta, no programa *Ensaio*, da TV Cultura (1994), um episódio revelador de que não apenas o país estava dividido, mas também a cabeça das pessoas. Convidado para tocar numa churrascaria em São Paulo, ele se espantou ao ver que as pessoas que cantavam entusiasticamente "Apesar de você" eram as mesmas que minutos antes faziam o mesmo com "Meu Brasil, eu te amo".

O diretor Midani percebeu então que, também para ele, as coisas não estavam melhorando.

Desalento (1970)

Chico Buarque-Vinicius de Moraes

Sim, vai e diz
Diz assim
Que eu chorei
Que eu morri
De arrependimento
Que o meu desalento
Já não tem mais fim
Vai e diz
Diz assim
Como sou
Infeliz
No meu descaminho
Diz que estou sozinho
E sem saber de mim

Diz que eu estive por pouco
Diz a ela que estou louco
Pra perdoar
Que seja lá como for
Por amor
Por favor
É pra ela voltar

Sim, vai e diz
Diz assim
Que eu rodei
Que eu bebi
Que eu caí
Que eu não sei
Que eu só sei
Que cansei, enfim
Dos meus desencontros
Corre e diz a ela
Que eu entrego os pontos

Com "Desalento" (lado B do compacto que tinha "Apesar de você") Chico retribuiu a gentileza que Vinicius lhe fizera em "Gente humilde". O poeta escreveu os versos "Diz que eu estive por pouco/ Diz a ela que estou louco/ Pra perdoar" e ganhou a parceria. Com a proibição do compacto, a canção foi incluída no LP *Construção* (1971).

Minha história (Gesù bambino) (1970)

Lucio Dalla-Paola Pallottino – versão de Chico Buarque

Ele vinha sem muita conversa, sem muito explicar
Eu só sei que falava e cheirava e gostava de mar
Sei que tinha tatuagem no braço e dourado no dente
E minha mãe se entregou a esse homem perdidamente

Ele assim como veio partiu não se sabe pra onde
E deixou minha mãe com o olhar cada dia mais longe
Esperando, parada, pregada na pedra do porto
Com seu único velho vestido cada dia mais curto

Quando enfim eu nasci minha mãe embrulhou-me num manto
Me vestiu como se eu fosse assim uma espécie de santo
Mas por não se lembrar de acalantos, a pobre mulher
Me ninava cantando cantigas de cabaré

Minha mãe não tardou a alertar toda a vizinhança
A mostrar que ali estava bem mais que uma simples criança
E não sei bem se por ironia ou se por amor
Resolveu me chamar com o nome do Nosso Senhor

Minha história é esse nome que ainda hoje carrego comigo
Quando vou bar em bar, viro a mesa, berro, bebo e brigo
Os ladrões e as amantes, meus colegas de copo e de cruz
Me conhecem só pelo meu nome de Menino Jesus

O original de Dalla e Pallottino tinha o subtítulo de "O filho da guerra", que é como são conhecidas as crianças nascidas de mães solteiras italianas com soldados estrangeiros. Ao fazer a adaptação, Chico brincava, dizendo que o subtítulo seria "O filho da puta". A implicante e implacável censura não gostou do título "Menino Jesus", e o autor o substituiu por "Minha história". A prosaica alteração resultaria numa situação cômica anos mais tarde, quando um jornalista cubano, cheio de melindres, pediu que o compositor contasse mais detalhes sobre sua triste biografia.

Em 2006, convidado por Zezé di Camargo, gravou com ele a canção no CD *Diferente*, o que lhe valeu críticas dos patrulheiros, que estranharam a união. Curioso não ter ocorrido a ninguém na época comentar que Chico já havia participado de mais de 150 álbuns de outros artistas.

Samba de Orly (1970)

Toquinho-Chico Buarque-Vinicius de Moraes

Vai, meu irmão
Pega esse avião
Você tem razão
De correr assim
Desse frio
Mas beija
O meu Rio de Janeiro
Antes que um aventureiro
Lance mão

Pede perdão
Pela duração (Pela omissão)*
Dessa temporada (Um tanto forçada)*
Mas não diga nada
Que me viu chorando
E pros da pesada
Diz que eu vou levando
Vê como é que anda
Aquela vida à toa
E se puder me manda
Uma notícia boa

* Versos originais vetados pela censura

Um dia antes de voltar da Itália para o Brasil, em novembro de 1969, Toquinho deixou o tema com o parceiro, que na mesma hora fez os versos finais: "Vê como é que anda/ Aquela vida à toa/ E se puder me manda/ Uma notícia boa". Quando, tempos depois, Chico mostrou a letra completa, estava por perto o ciumento Vinicius de Moraes, que disse ser ela muito branda para expressar todas as agruras do tempo vivido no exílio, e propôs substituir "pede perdão pela duração dessa temporada" por "pede perdão pela omissão um tanto forçada". Os autores concordaram, mas a censura não. Os versos do Poetinha foram proibidos, mas a parceria ficou.

Na verdade, Toquinho partiria do Aeroporto de Fiumicino, em Roma. Porém, como se tratava de um nome desconhecido e Paris era uma cidade povoada de exilados brasileiros, o nome ficou sendo "Samba de Orly", o aeroporto da capital francesa.

Valsinha (1970)

Vinicius de Moraes-Chico Buarque

Um dia ele chegou tão diferente do seu jeito de sempre chegar
Olhou-a dum jeito muito mais quente do que sempre costumava olhar
E não maldisse a vida tanto quanto era seu jeito de sempre falar
E nem deixou-a só num canto, pra seu grande espanto convidou-a pra rodar

Então ela se fez bonita como há muito tempo não queria ousar
Com seu vestido decotado cheirando a guardado de tanto esperar
Depois os dois deram-se os braços como há muito tempo não se usava dar
E cheios de ternura e graça foram para a praça e começaram a se abraçar

E ali dançaram tanta dança que a vizinhança toda despertou
E foi tanta felicidade que toda a cidade se iluminou
E foram tantos beijos loucos
Tantos gritos roucos como não se ouvia mais
Que o mundo compreendeu
E o dia amanheceu
Em paz

Chico recebeu a música de Vinicius na Argentina, onde o compadre fazia um show com Toquinho. Voltou com a fita para o Brasil e, tempos depois, remetia a letra pelo correio. Vinicius respondeu propondo algumas alterações, inclusive no título, que a seu ver deveria ser "Valsa hippie":

Mar del Plata, 24-1-71
Chiquérrimo:
Dei uma apertada linda na sua letra, depois que v. partiu, porque achei que valia a pena trabalhar mais um pouquinho sobre ela, sobre aqueles hiatos que havia, adicionando duas ou três ideias que tive [...]
Mas como v. me disse no telefone que não tinha recebido, estou mandando outra para ver se v. concorda com as modificações feitas. Claro que a letra é sua, eu nada mais fiz que dar uma aparafusada geral. Às vezes o cara de fora vê melhor estas coisas. Enfim, porra, aí vai ela. Dei-lhe o nome de "Valsa hippie", porque parece-me que tua letra tem esse elemento hippie que dá um encanto todo moderno à valsa, brasileira e antigona. Que é que você acha?

Valsa hippie

Um dia ele chegou tão diferente do seu jeito de sempre chegar
Olhou-a de um modo mais quente do que comumente costumava olhar
E não falou mal da poesia como era mania sua de falar
E nem deixou-a só num canto; pra seu grande espanto,

```
disse: Vamos nos amar
Aí ela se recordou do tempo em que saíam para namorar
E pôs seu vestido dourado cheirando a guardado de
tanto esperar
Depois os dois deram-se os braços como a gente an-
tiga costumava dar
E cheios de ternura e graça, foram para a praça e
começaram a bailar
E logo toda a vizinhança ao som daquela dança foi e
despertou
E veio para a praça escura, e muita gente jura que
se iluminou
E foram tantos beijos loucos, tantos gritos roucos
como não se ouviam mais
Que o mundo compreendeu
E o dia amanheceu em paz.
```

A resposta de Chico, embora respeitosa, revelava que o compositor adquirira traquejo para sustentar suas opiniões mesmo diante de nomes como Vinicius de Moraes:

Rio, 2 de fevereiro [sem o ano]
Caro Poeta,
Recebi as suas cartas e fiquei meio embananado. É que eu já estava cantando aquela letra, com hiato e tudo, gostando e me acostumando a ela. Também porque, como você já sabe, o público tem recebido a valsinha com o maior entusiasmo, pedindo bis e tudo. Sem exagero, ela é o ponto alto do show, junto com o "Apesar de você". Então dá um certo medo de mudar demais. Enfim, a música é sua, e a discussão continua aberta. Vou tentar defender, por pontos, a minha opinião. Estude o meu caso, exponha-o a Toquinho e Gessy, e se não gostar L.se, ou f..me eu.
– "Valsa hippie" é um título forte. É bonito, mas pode parecer forçação de barra, com tudo o que há de hippie à venda por aí. "Valsa hippie", ligado à filosofia hippie como você o ligou, é um título perfeito. Mas hippie, para o grande público, já deixou de ser a filosofia para ser a moda pra frente de se usar roupa e cabelo. Aí já não tem nada a

ver. Pela mesma razão eu prefiro que o nosso personagem xingue ou, mais delicado, maldiga a vida, em vez de falar mal da poesia. A solução é mais bonita e completa, mas eu acho que ela diminui o efeito do que segue. Esse homem da primeira estrofe é o anti-hippie. Acho mesmo que ele nunca soube o que é poesia. É bancário e está com o saco cheio e está sempre mandando sua mulher à merda. Quer dizer, neste dia ele chegou diferente, não maldisse (ou xingou mesmo) a vida tanto e convidou-a pra rodar. Convidou-a pra rodar eu gosto muito, poeta, deixa ficar. Rodar, que é dar um passeio e é dançar. Depois eu acho que, se ele já for convidando a coitada para amar, perde-se o suspense do vestido no armário e o tesão da trepada final. "pra seu grande espanto", você tem razão, é melhor que "pra seu espanto". Só que eu esqueci que ia por itens. Vamos lá:

– Apesar do Orestes (vestido dourado é lindo), eu gosto muito do som do vestido decotado. É gostoso de cantar vestido decotado. E para ficar dourado o vestido fica com o acento tendendo para a primeira sílaba. Não chega a ser um acento, mas é quase. Esse verso é, aliás, o que mais agrada, em geral. E eu também gosto do decotado ligado ao "ousar", que ela não queria por causa do marido chato e quadrado. Escuta, ó poeta, não leve a mal a minha impertinência, mas você precisa estar aqui para sentir como a turma gosta, e o jeito dela gostar desta valsa, assim à primeira vista. É por isso que estou puxando a sardinha para o lado da minha letra, que é mais simplória, do que pelas suas modificações que, enriquecendo os versos, também dificultam um pouco a compreensão imediata. E essa valsinha tem um apelo popular que nós não suspeitávamos.

– Ainda baseado no argumento acima, prefiro o abraçar ao bailar. Em suma, eu não mexeria na segunda estrofe.

– A terceira é que mais me preocupa. Você está certo quanto ao "o mundo" em vez de "a gente". Ah, voltando à estrofe anterior, gostei do último verso, onde você diz "e cheio de ternura e graça" em vez de "e foram-se cheios de graça". Agora estou pensando em retomar uma ideia anterior, quando eu pensava em colocá-los em estado de graça. Aproveitando a sua ternura, poderíamos fazer "Em estado de ternura e graça foram para a praça e começaram a se abraçar". Só tem o probleminha da junção "em-estado", o em-e numa sílaba só.

Que é o mesmo problema do começaram-a. Mas você me disse que o probleminha desaparece, dependendo da maneira de se cantar. E eu tenho cantado "começaram a se abraçar" sem maiores danos. Enfim, veja aí o que você acha de tudo isso, desculpe a encheção de saco e responda urgente. [...] Vou escrever a letra como me parece melhor. Veja aí e, se for o caso, enfie-a no ralo da banheira ou noutro buraco que você tiver à mão.

Vinicius não jogou a letra no ralo, e a canção foi lançada inicialmente em compacto e depois integrou o LP *Construção*, de 1971.

Em 1971, os DOI-Codi (Destacamento de Operações de Informações – Centro de Operações de Defesa Interna) operam a todo vapor. Crescem o número de presos políticos e as denúncias de torturas. A censura continua ceifando obras em todos os campos da cultura.

Chico lança seu quinto LP, *Construção*, em que já se vê como um compositor maduro, mas com canções ainda muito atreladas aos problemas do país, que marcariam seus discos até *Meus caros amigos* (1976).

O sucesso do álbum foi tão grande que a Philips teve que contratar os serviços de duas concorrentes para atender à demanda, e Chico chegou a suspender as sagradas peladas de futebol aos sábados. Rapidamente as vendas atingiram 100 mil cópias, rivalizando com o campeão Roberto Carlos e com Martinho da Vila, que havia estourado naquele ano.

Em 1971 aconteceria o VI Festival Internacional da Canção, promovido pela TV Globo. Para garantir o êxito, era fundamental a participação da nata da MPB, e os promotores resolveram, numa deferência especial, dispensar os compositores consagrados das eliminatórias.

Alguns, como Caetano, recusaram a proposta de imediato. Outros, entre eles Chico, fingiram aceitar a distinção e, numa ação coordenada pelo diretor do festival, o compositor Gutemberg Guarabyra, protelaram até o último instante a entrega das letras. Poucos dias antes do início do festival, divulgaram, através do *Pasquim*, um manifesto retirando suas inscrições em sinal de protesto contra a censura e a tentativa de utilizar o festival como veículo de propaganda a serviço da ditadura. Os insurretos foram proibidos em todos os programas da Rede Globo, mas em pouco tempo o veto foi levantado. Menos para Chico.

A emissora, querendo ser mais realista que o rei, resolveu agradar à ditadura e decidiu que ele não apareceria na sua programação, isso no momento em que ele mais precisava trabalhar, perseguido que era pela censura. Solidária, Marieta Severo se afastou das telinhas por um bom tempo. A queda de braço durou até 1977, quando sua canção "Maninha" foi utilizada na novela *Espelho mágico*.

Bolsa de amores (1971)

Chico Buarque

Comprei na bolsa de amores
As ações melhores
Que encontrei por lá
Ações de uma morena dessas
Que dão lucro à beça
Pra quem pode
E sabe jogar
Mas o mercado entrou em baixa
Estou sem nada em caixa
Já perdi meu lote
Minha morena me esquecendo
Não deu dividendo
Nem deixou filhote

E eu que queria
De coração
Ganhar um dia
Alguma bonificação
Bem me dizia
Meu corretor
A moça é fria
É ordinária
Ao portador

O cantor Mário Reis, *bon vivant*, frequentador das altas rodas da sociedade carioca e sabidamente distanciado de política, pedira a Chico um samba para seu novo disco. O compositor dedicou-se a ouvir todas as gravações do velho cantor para fazer uma coisa que tivesse a sua cara. Percebendo que grande parte do que Mário cantava era composta de músicas com referências a coisas da época, Chico resolveu brincar com o amigo e contar uma desilusão amorosa utilizando o jargão da Bolsa de Valores, que era a euforia do momento e onde o próprio Mário gostava de aplicar.

Quando entregou a letra na gravadora, ouviu um dos dirigentes dizer, em tom de deboche: "Agora só falta passar pela censura". Ele sabia o que estava falando. A canção foi proibida, e o LP, que costumava ter doze faixas, saiu com apenas onze, em sinal de protesto.

Num show no Copacabana Palace, Mário Reis, muito comovido, cantou o samba enquanto a plateia, solidária, atirava rosas ao palco. E também solidário e emocionado estava ali o autor dos versos censurados. O que não se conseguiu proibir foi a derrocada da Bolsa, em agosto de 1971. A canção só foi incluída na Coleção 2 em 1 – *Mário Reis*, vinte anos depois de composta e dez anos após a morte do cantor (1981).

O cerco estava se fechando.

Construção (1971)

Chico Buarque

Amou daquela vez como se fosse a última
Beijou sua mulher como se fosse a última
E cada filho seu como se fosse o único
E atravessou a rua com seu passo tímido
Subiu a construção como se fosse máquina
Ergueu no patamar quatro paredes sólidas
Tijolo com tijolo num desenho mágico
Seus olhos embotados de cimento e lágrima
Sentou pra descansar como se fosse sábado
Comeu feijão com arroz como se fosse um príncipe
Bebeu e soluçou como se fosse um náufrago
Dançou e gargalhou como se ouvisse música
E tropeçou no céu como se fosse um bêbado
E flutuou no ar como se fosse um pássaro
E se acabou no chão feito um pacote flácido
Agonizou no meio do passeio público
Morreu na contramão atrapalhando o tráfego

Amou daquela vez como se fosse o último
Beijou sua mulher como se fosse a única
E cada filho seu como se fosse o pródigo
E atravessou a rua com seu passo bêbado
Subiu a construção como se fosse sólido
Ergueu no patamar quatro paredes mágicas
Tijolo com tijolo num desenho lógico
Seus olhos embotados de cimento e tráfego
Sentou pra descansar como se fosse um príncipe
Comeu feijão com arroz como se fosse o máximo
Bebeu e soluçou como se fosse máquina
Dançou e gargalhou como se fosse o próximo
E tropeçou no céu como se ouvisse música
E flutuou no ar como se fosse sábado
E se acabou no chão feito um pacote tímido
Agonizou no meio do passeio náufrago
Morreu na contramão atrapalhando o público

Amou daquela vez como se fosse máquina
Beijou sua mulher como se fosse lógico
Ergueu no patamar quatro paredes flácidas
Sentou pra descansar como se fosse um pássaro
E flutuou no ar como se fosse um príncipe
E se acabou no chão feito um pacote bêbado
Morreu na contramão atrapalhando o sábado

Falando à revista *Status*, em 1993, Chico confessa que inicialmente tudo não passava de uma experiência formal, e que a ideia de narrar os últimos instantes de vida de um operário veio depois da música quase pronta. Com "Construção" ele chegou próximo da tão falada unanimidade, recebendo elogios de críticos de todas as tendências. Os de direita, entretanto, não perdiam a oportunidade para uma agressão gratuita e de péssimo gosto, como a do jornalista David Nasser, que sugeriu a inclusão de mais uma proparoxítona: "Médici", o nome do presidente.

A riqueza da melodia, o primor da letra em dodecassílabos, alternando rimas em proparoxítonas, associados aos arranjos do maestro tropicalista Rogério Duprat, são, em grande parte, os responsáveis pelo sucesso do disco.

Porém, os louros tinham também que ser creditados a um outro colaborador, de cuja existência Chico só tomou conhecimento anos depois, quando comentava com o diretor de sua ex-gravadora as dificuldades que enfrentava por não ser artista de aparecer muito em televisão ou em shows patrocinados por rádios. Ele reclamava do jabá – dinheiro que as gravadoras pagam às rádios para tocar determinadas músicas. Em entrevista para a revista *América*, do Memorial da América Latina, em 1989, ele desvela o personagem:

Aí, meu antigo patrão me explicou que a questão do jabá sempre existiu. Eu disse que sabia, é claro, mas que a coisa hoje é muito mais violenta. E então veio a revelação: "Você lembra do sucesso de 'Construção', uma música difícil, pesada, muito longa para a época, e que tocava no rádio o dia inteiro? Pois paguei muito jabá por ela".

O escritor Humberto Werneck conta que o advogado da Philips, João Carlos Muller Chaves, usou um estratagema novo para conseguir sua liberação: "Ao entregar a letra, num golpe de ironia e audácia, pediu que a proibissem; os censores, então, como que para contrariá-lo, liberaram 'Construção' sem cortes".

Deus lhe pague (1971)

Chico Buarque

Por esse pão pra comer, por esse chão pra dormir
A certidão pra nascer e a concessão pra sorrir
Por me deixar respirar, por me deixar existir
Deus lhe pague

Pelo prazer de chorar e pelo "estamos aí"
Pela piada no bar e o futebol pra aplaudir
Um crime pra comentar e um samba pra distrair
Deus lhe pague

Por essa praia, essa saia, pelas mulheres daqui
O amor malfeito depressa, fazer a barba e partir
Pelo domingo que é lindo, novela, missa e gibi
Deus lhe pague

Pela cachaça de graça que a gente tem que engolir
Pela fumaça, desgraça, que a gente tem que tossir
Pelos andaimes, pingentes, que a gente tem que cair
Deus lhe pague

Por mais um dia, agonia, pra suportar e assistir
Pelo rangido dos dentes, pela cidade a zunir
E pelo grito demente que nos ajuda a fugir
Deus lhe pague

Pela mulher carpideira pra nos louvar e cuspir
E pelas moscas-bicheiras a nos beijar e cobrir
E pela paz derradeira que enfim vai nos redimir
Deus lhe pague

Primeiro nasceu o tema musical de um som chateando o tempo todo. Foram horas, ou talvez dias, e Chico achando que ali havia alguma coisa. Aí surgiu "Deus lhe pague" – e depois, diz ele, "inventei as coisas pra Deus pagar". De algumas delas Deus nem sequer tomou conhecimento, como o verso "dessa tempestade que está aí", que teve de ser substituído por outro do qual ele não se lembra mais, tantas foram as vezes em que teve que usar esse tipo de expediente para que a letra fosse liberada.

Olha, Maria (1971)

Tom Jobim-Chico Buarque-Vinicius de Moraes

Olha, Maria
Eu bem te queria
Fazer uma presa
Da minha poesia
Mas hoje, Maria
Pra minha surpresa
Pra minha tristeza
Precisas partir

Parte, Maria
Que estás tão bonita
Que estás tão aflita
Pra me abandonar
Sinto, Maria
Que estás de visita
Teu corpo se agita
Querendo dançar

Parte, Maria
Que estás toda nua
Que a lua te chama
Que estás tão mulher
Arde, Maria
Na chama da lua
Maria cigana
Maria maré

Parte cantando
Maria fugindo
Contra a ventania
Brincando, dormindo
Num colo de serra
Num campo vazio
Num leito de rio
Nos braços do mar

Vai, alegria
Que a vida, Maria
Não passa de um dia
Não vou te prender
Corre, Maria
Que a vida não espera
É uma primavera
Não podes perder

Anda, Maria
Pois eu só teria
A minha agonia
Pra te oferecer

Tom entregou a música para Chico fazer a letra. Mas, como ocorria em várias ocasiões, ele não conseguiu terminar e pediu ajuda a Vinicius. O ciumento poeta ficou felicíssimo em poder emplacar mais uma parceria, como já acontecera com o "Samba de Orly" (Toquinho-Chico Buarque-Vinicius de Moraes).

Essa passou (1971)

Carlos Lyra-Chico Buarque

Foi ela que me convidou
Fui eu que não soube chegar
Foi ela que me maltratou
Fui eu que não soube chorar
Andei sete léguas de amor
Chorei sete litros de mar
Mas ela não se saciou
Mas ela não soube esperar
Foi ela que me condenou
Sou eu que vou lhe perdoar
Foi ela que tanto pecou
Sou eu que vou me confessar
Foi ela que se ajoelhou
Sou eu que vou ter que rezar
Foi ela que me arruinou
Sou eu que vou ter que pagar
Foi ela que me incendiou
É fogo na roupa contar
É mais uma história de amor
Que outro me tome o lugar
Não está mais aqui quem chorou
Um outro que venha chorar
É mais uma história vulgar
Mas se ela bater faz entrar
É mais uma história de amor
Mas se ela chamar diz que eu vou
Correr sete léguas de amor
Beber sete litros de mar
Pra ela dizer que acabou
Pra ela dizer que acabou
Pra ela dizer que não está
Pra ela dizer que não está

A única parceria dos dois compositores deveria ser incluída no álbum *Construção*, mas, por algum motivo, terminou não entrando e só foi gravada em dueto no disco *E no entanto, é preciso cantar...*, de Carlos Lyra. Falando a Guilherme Tauil, em 2008, Lyra explica a origem do título – que, curiosamente, pouco ou nada tem a ver com a letra. Ele conta que disse a Chico: "Você está tão marcado na censura que nada que é seu está passando... Essa passou!" – e ficou o nome.

Com 27 anos, seis LPs, de volta ao seu país e satisfeito com a maturidade artística conseguida com o álbum *Construção*, Chico não se iludia com o porvir.

Chico na *Phono 73*, quando foi proibido de cantar "Cálice".

1972/73

**Deus me deu pernas compridas e muita malícia
pra correr atrás de bola e fugir da polícia**

O cenário de 1972-73 continuava pouco animador. Como não fora possível proibir a queda da Bolsa de Valores, o governo pensava poder contornar o problema impedindo a veiculação de más notícias sobre o assunto. O absurdo maior viria em agosto, quando, após proibir a divulgação de matérias sobre a sucessão presidencial, vetou também qualquer referência à declaração do presidente da Arena de que não havia censura. *O Estado de S. Paulo* passou a substituir matérias censuradas por poemas de Camões, enquanto o *Jornal da Tarde* exibia receitas culinárias.

Mas havia boas novas: Caetano Veloso e Gilberto Gil haviam retornado ao país, Chico fazia as canções para o filme *Quando o carnaval chegar*, voltava aos palcos com Caetano no memorável show do Teatro Castro Alves, em Salvador, nos dias 10 e 11 de novembro, e iniciava duas profícuas parcerias: com Francis Hime e com Ruy Guerra.

Atrás da porta (1972)

Francis Hime-Chico Buarque

Quando olhaste bem nos olhos meus
E o teu olhar era de adeus
Juro que não acreditei
Eu te estranhei
Me debrucei
Sobre teu corpo e duvidei
E me arrastei e te arranhei
E me agarrei nos teus cabelos
No teu peito (Nos teus pelos)*
Teu pijama
Nos teus pés
Ao pé da cama
Sem carinho, sem coberta
No tapete atrás da porta
Reclamei baixinho

Dei pra maldizer o nosso lar
Pra sujar teu nome, te humilhar
E me vingar a qualquer preço
Te adorando pelo avesso
Pra mostrar que inda sou tua
Só pra provar que inda sou tua...

* verso original vetado pela censura

É a primeira parceria da dupla, que durou até 1984. Na casa dos pais de Olívia Hime, em Petrópolis, durante uma reunião de amigos, Francis começou a cantarolar a música ao piano, e Chico fez o que nunca havia feito e nem voltaria a fazer: compor na frente dos outros. Conforme ele mesmo diz, "tenho vergonha de fazer na frente dos outros". Prefere a solidão do seu estúdio. Mas com "Atrás da porta" foi diferente. Na mesma hora, no meio da confusão, saiu a primeira parte da letra. E parou aí.

A segunda parte não veio no dia seguinte nem nos meses subsequentes. Quem cantaria a canção seria Elis Regina, cujo disco já estava sendo gravado. Dos Estados Unidos, onde morava na ocasião, Francis fez com que o produtor enviasse a Chico uma fita com todos os arranjos e a voz da intérprete até onde havia letra e com a segunda parte já orquestrada. Não dava para protelar. O expediente utilizado para pressionar ficou conhecido como "O Golpe de Francis".

A vigilante censura parecia ter preferência por homens glabros, e os versos "E me agarrei nos teus cabelos/ Nos teus pelos" tiveram que ser substituídos por "E me agarrei nos teus cabelos/ No teu peito". Chico cantou a letra original no show do Teatro Castro Alves. Mas quando o espetáculo virou disco, novamente a censura proibiu os "pelos", e a solução encontrada pela gravadora foi enxertar um estranhíssimo e crescente aplauso fora de hora quando os cantores pronunciavam a palavra condenada.

Todas as demais canções de 1972 foram feitas para projetos como o filme *Quando o carnaval chegar*, de Cacá Diegues, e os musicais *Calabar* e *O homem de La Mancha* – ambos em parceria com Ruy Guerra.

O filme *Quando o carnaval chegar* narra o dilema de uma trupe de cantores populares sem sucesso entre cantar para o rei ou para o povo. Chico interpreta Paulo, ao lado de Nara Leão, Maria Bethânia, Hugo Carvana, Antonio Pitanga, José Lewgoy e Ana Maria Magalhães. Além de atuar, Chico assinou o roteiro com Cacá Diegues e Hugo Carvana e compôs sete canções para o filme.

Partido alto (1972)

Chico Buarque

Para o filme *Quando o carnaval chegar*, de Cacá Diegues

Diz que deu, diz que dá
Diz que Deus dará
Não vou duvidar, ô nega
E se Deus não dá
Como é que vai ficar, ô nega
Diz que Deus diz que dá
E se Deus negar, ô nega
Eu vou me indignar e chega
Deus dará, Deus dará

Deus é um cara gozador, adora brincadeira
Pois pra me jogar no mundo, tinha o mundo inteiro
Mas achou muito engraçado me botar cabreiro
Na barriga da miséria, eu nasci batuqueiro (brasileiro)*
Eu sou do Rio de Janeiro

Jesus Cristo inda me paga, um dia inda me explica
Como é que pôs no mundo esta pobre coisica (pouca titica)*
Vou correr o mundo afora, dar uma canjica
Que é pra ver se alguém se embala ao ronco da cuíca
E aquele abraço pra quem fica

Deus me fez um cara fraco, desdentado e feio
Pele e osso simplesmente, quase sem recheio
Mas se alguém me desafia e bota a mãe no meio
Dou pernada a três por quatro e nem me despenteio
Que eu já tô de saco cheio

Deus me deu mão de veludo pra fazer carícia
Deus me deu muitas saudades e muita preguiça
Deus me deu perna comprida e muita malícia
Pra correr atrás de bola e fugir da polícia
Um dia ainda sou notícia

* termos originais vetados pela censura

Submetida à censura, veio o despacho em 44 palavras:

> *Se é engraçado ou uma infelicidade para o autor ter nascido no Brasil, país onde ele vive e encontra esse povo generoso que lhe dá sustento comprando seus discos, e pagando-o regiamente nos seus shows, afirmo que ele está nos gozando. Opino pelo veto.*

Para liberá-la, Chico teve que substituir "titica" por "coisica" e "brasileiro" por "batuqueiro", e ainda ouviu uma estapafúrdia apreciação estética de sua obra feita pelo censor: "Como é que você, que fez uma música bonita como 'Construção', agora vem com esta, falando em titica e saco cheio?".

Calabar – O elogio da traição foi escrito no final de 1972, em parceria com Ruy Guerra e dirigido por Fernando Peixoto. Ele se propunha a discutir a posição de Domingos Fernandes Calabar no episódio histórico em que o mulato tomou partido ao lado dos invasores holandeses contra a coroa portuguesa, e por isso foi condenado à morte como traidor. Claramente, havia um paralelo com a figura do capitão Carlos Lamarca, que em janeiro de 1969, numa ação audaciosa, deixou o Exército para integrar-se à guerrilha, levando consigo armas e munição.

Em abril o texto foi liberado pela censura, e teve início a montagem. Em 30 de outubro, com tudo pronto, os produtores cumpriram a infame liturgia de solicitar que se marcasse uma data para a censura avaliar o espetáculo. Foram então informados de que a peça havia sido "avocada por instância superior para reexame do texto", e que, portanto, não seria possível marcar o ensaio para os censores. Em 12 de novembro a Polícia Federal fez saber aos advogados do grupo que necessitava de mais três ou quatro meses para um parecer sobre o caso. Não havia como sustentar tantas bocas por tão longo prazo, e a peça acabou por aí. A imprensa foi impedida de noticiar a proibição e de mencionar a palavra "Calabar". Nem mesmo um pequeno anúncio em jornal comunicando que a estreia seria adiada *sine die* pôde fazer referência ao nome da peça ou ao teatro onde seria encenada. Seis anos mais tarde, uma nova montagem estrearia – desta vez, liberada pela censura.

A censura proibiu até a capa dupla do álbum, que se chamaria *Chico canta Calabar.* Ela trazia o nome interdito pichado num muro e internamente era rica em fotos. A gravadora teve que substituí-la por uma branca, e o título truncado ficou *Chico canta*, o que é no mínimo estranho, já que o que se espera de um cantor é que cante. Para denunciar a violência, Chico fez questão que na nova capa constasse a ficha técnica da capa proibida, inclusive os nomes dos fotógrafos, evidenciando assim que algo fora cortado.

Foi uma proibição branca, diria Chico anos depois.

Cala a boca, Bárbara (1972-73)

Chico Buarque-Ruy Guerra

Para o musical *Calabar*, de Chico Buarque e Ruy Guerra

Ele sabe dos caminhos
Dessa minha terra
No meu corpo se escondeu
Minhas matas percorreu
Os meus rios
Os meus braços
Ele é o meu guerreiro
Nos colchões de terra
Nas bandeiras, bons lençóis
Nas trincheiras, quantos ais, ai
Cala a boca
Olha o fogo
Cala a boca
Olha a relva
Cala a boca, Bárbara
Cala a boca, Bárbara

Ele sabe dos segredos
Que ninguém ensina
Onde guardo o meu prazer
Em que pântanos beber
As vazantes
As correntes
Nos colchões de ferro
Ele é o meu parceiro
Nas campanhas, nos currais
Nas entranhas, quantos ais, ai
Cala a boca
Olha a noite
Cala a boca
Olha o frio
Cala a boca, Bárbara
Cala a boca, Bárbara

Interessante notar que a palavra "Calabar", embora não pronunciada, fica subentendida na frase "CALA a boca, BÁRbara", repetida inúmeras vezes.

Fado tropical (1972-73)

Chico Buarque-Ruy Guerra

Para o musical *Calabar*, de Chico Buarque e Ruy Guerra

Oh, musa do meu fado
Oh, minha mãe gentil
Te deixo consternado
No primeiro abril
Mas não sê tão ingrata
Não esquece quem te amou
E em tua densa mata
Se perdeu e se encontrou
Ai, esta terra ainda vai cumprir seu ideal
Ainda vai tornar-se um imenso Portugal

"Sabe, no fundo eu sou um sentimental
Todos nós herdamos no sangue lusitano uma boa
   dosagem de lirismo...(além da sífilis, é claro)*
Mesmo quando as minhas mãos estão ocupadas em
   torturar, esganar, trucidar
Meu coração fecha os olhos e sinceramente chora..."

Com avencas na caatinga
Alecrins no canavial
Licores na moringa
Um vinho tropical
E a linda mulata
Com rendas do Alentejo
De quem numa bravata
Arrebato um beijo
Ai, esta terra ainda vai cumprir seu ideal
Ainda vai tornar-se um imenso Portugal

"Meu coração tem um sereno jeito

"Meu coração tem um sereno jeito
E as minhas mãos o golpe duro e presto
De tal maneira que, depois de feito
Desencontrado, eu mesmo me contesto

Se trago as mãos distantes do meu peito
É que há distância entre intenção e gesto
E se o meu coração nas mãos estreito
Me assombra a súbita impressão de incesto

Quando me encontro no calor da luta
Ostento a aguda empunhadura à proa
Mas o meu peito se desabotoa

E se a sentença se anuncia bruta
Mais que depressa a mão cega executa
Pois que senão o coração perdoa..."

Guitarras e sanfonas
Jasmins, coqueiros, fontes
Sardinhas, mandioca
Num suave azulejo
E o rio Amazonas
Que corre Trás-os-Montes
E numa pororoca
Deságua no Tejo
Ai, esta terra ainda vai cumprir seu ideal
Ainda vai tornar-se um império colonial
Ai, esta terra ainda vai cumprir seu ideal
Ainda vai tornar-se um império colonial

* trecho original, vetado pela censura

Em 1973 a comparação entre Brasil e Portugal, que ainda vivia sob o regime fascista de Marcelo Caetano, foi tida como ofensa aos dois países. Com a Revolução dos Cravos, que em abril de 1975 depôs a ditadura portuguesa, ganhou uma conotação subversiva e ameaçadora para o regime militar que ainda vigorava por aqui.

A substituição apressada da capa resultou em que o nome de Ruy Guerra como intérprete do soneto não aparecesse na capa branca.

Vence na vida quem diz sim (1972-73)

Chico Buarque-Ruy Guerra

Para *Calabar*, de Chico Buarque e Ruy Guerra

Versão proibida pela censura em 1973

Vence na vida quem diz sim
Vence na vida quem diz sim

Se te dói o corpo
Diz que sim
Torcem mais um pouco
Diz que sim
Se te dão um soco
Diz que sim
Se te deixam louco
Diz que sim
Se te babam no cangote
Mordem o decote
Se te alisam com o chicote
Olha bem pra mim
Vence na vida quem diz sim
Vence na vida quem diz sim

Se te jogam lama
Diz que sim
Pra que tanto drama
Diz que sim
Te deitam na cama

Diz que sim
Se te criam fama
Diz que sim
Se te chamam vagabunda
Montam na cacunda
Se te largam moribunda
Olha bem pra mim
Vence na vida quem diz sim
Vence na vida quem diz sim

Se te cobrem de ouro
Diz que sim
Se te mandam embora
Diz que sim
Se te puxam o saco
Diz que sim
Se te xingam a raça
Diz que sim
Se te incham a barriga
De feto e lombriga
Nem por isso compra a briga
Olha bem pra mim
Vence na vida quem diz sim
Vence na vida quem diz sim

Versão gravada em 1980 no LP *Com açúcar, com afeto*, de Nara Leão

Vence na vida quem diz sim
Vence na vida quem diz sim

Se te dói o corpo
Diz que sim
Torcem mais um pouco
Diz que sim
Se te dão um soco
Diz que sim
Se te deixam louco
Diz que sim

Se te tratam no chicote
Babam no cangote
Baixa o rosto e aprende um mote
Olha bem pra mim
Vence na vida quem diz sim
Vence na vida quem diz sim

Se te mandam flores
Diz que sim
Se te dizem horrores
Diz que sim
Mandam pra cozinha
Diz que sim
Chamam pra caminha
Diz que sim
Se te chamam vagabunda
Montam na cacunda
Se te largam moribunda
Olha bem pra mim
Vence na vida quem diz sim
Vence na vida quem diz sim

Se te erguem a taça
Diz que sim
Se te xingam a raça
Diz que sim
Se te chupam a alma
Diz que sim
Se te pedem calma
Diz que sim
Se já estás virando um caco
Vives num buraco
Se és do balacobaco
Olha bem pra mim
Vence na vida quem diz sim
Vence na vida quem diz sim

A letra foi inteiramente vetada pela censura. Não adiantou sequer a proposta de substituir o "sim" por "não". A canção só foi gravada com letra em 1980, num dueto com Nara Leão.

Bárbara (1972-73)

Chico Buarque-Ruy Guerra

Para *Calabar*, de Chico Buarque e Ruy Guerra

Bárbara, Bárbara
Nunca é tarde, nunca é demais
Onde estou, onde estás?
Meu amor, vem me buscar

O meu destino é caminhar assim
Desesperada e nua
Sabendo que no fim da noite serei tua
Deixa eu te proteger do mal, dos medos e da chuva
Acumulando de prazeres teu leito de viúva

Bárbara, Bárbara
Nunca é tarde, nunca é demais
Onde estou, onde estás?
Meu amor, vem me buscar

Vamos ceder enfim à tentação das nossas bocas cruas
E mergulhar no poço escuro de nós duas
Vamos viver agonizando uma paixão vadia
Maravilhosa e transbordante, feito uma hemorragia

Bárbara, Bárbara
Nunca é tarde, nunca é demais
Onde estou, onde estás?
Meu amor, vem me buscar
Bárbara

Na gravação feita em Salvador, a expressão "de nós duas" também foi abafada por uma falsa salva de palmas, já que não era permitido fazer referência ao amor entre duas mulheres.

Flor da idade (1973)

Chico Buarque

Para o filme *Vai trabalhar, vagabundo*, de Hugo Carvana

A gente faz hora, faz fila na vila do meio-dia
Pra ver Maria
A gente almoça e só se coça e se roça e só se vicia
A porta dela não tem tramela
A janela é sem gelosia
Nem desconfia
Ai, a primeira festa, a primeira fresta, o primeiro amor

Na hora certa, a casa aberta, o pijama aberto, a família
A armadilha
A mesa posta de peixe, deixa um cheirinho da sua filha
Ela vive parada no sucesso do rádio de pilha
Que maravilha
Ai, o primeiro copo, o primeiro corpo, o primeiro amor

Vê passar ela, como dança, balança, avança e recua
A gente sua
A roupa suja da cuja se lava no meio da rua
Despudorada, dada, à danada agrada andar seminua
E continua
Ai, a primeira dama, o primeiro drama, o primeiro amor

Carlos amava Dora que amava Lia que amava Lea
que amava Paulo
Que amava Juca que amava Dora que amava Carlos
que amava Dora
Que amava Rita que amava Dito que amava Rita
que amava Dito que amava Rita que amava
Carlos amava Dora que amava Pedro que amava tanto
que amava

A filha que amava Carlos que amava Dora que amava
toda a quadrilha

A canção – que faz referência ao poema "Quadrilha", de Carlos Drummond de Andrade – foi composta para o filme *Vai trabalhar, vagabundo*, de Hugo Carvana, e depois utilizada na peça *Gota d'água*. O jornalista Humberto Werneck conta que os homofóbicos profissionais da tesoura viram relações homossexuais na ciranda final em que "Carlos amava Dora que amava Lia que amava Lea que amava Paulo/ Que amava Juca...", e Chico teve que recorrer ao dicionário para provar que o verbo amar nem sempre tem uma conotação erótica.

Cálice (1973)

Gilberto Gil-Chico Buarque

Pai, afasta de mim esse cálice
Pai, afasta de mim esse cálice
Pai, afasta de mim esse cálice
De vinho tinto de sangue

Como beber dessa bebida amarga
Tragar a dor, engolir a labuta
Mesmo calada a boca, resta o peito
Silêncio na cidade não se escuta
De que me vale ser filho da santa
Melhor seria ser filho da outra
Outra realidade menos morta
Tanta mentira, tanta força bruta

Como é difícil acordar calado
Se na calada da noite eu me dano
Quero lançar um grito desumano
Que é uma maneira de ser escutado
Esse silêncio todo me atordoa
Atordoado eu permaneço atento
Na arquibancada pra a qualquer momento
Ver emergir o monstro da lagoa

De muito gorda, a porca já não anda
De muito usada, a faca já não corta
Como é difícil, pai, abrir a porta
Essa palavra presa na garganta
Esse pileque homérico no mundo
De que adianta ter boa vontade
Mesmo calado o peito, resta a cuca
Dos bêbados do centro da cidade

Talvez o mundo não seja pequeno
Nem seja a vida um fato consumado
Quero inventar o meu próprio pecado
Quero morrer do meu próprio veneno
Quero perder de vez tua cabeça
Minha cabeça perder teu juízo
Quero cheirar fumaça de óleo diesel
Me embriagar até que alguém me esqueça

Composta para o show *Phono 73*, realizado em maio de 1973, no Anhembi, São Paulo, a música seria cantada pela dupla de autores. Gil mostrou a Chico a primeira estrofe e o refrão "Pai, afasta de mim esse cálice", referência à data em que os escrevera, uma Sexta-feira Santa. O parceiro viu, mais do que depressa, o jogo de palavras "cálice x cale-se". Foi necessário apenas mais um encontro para que terminassem a canção de quatro estrofes – a primeira e a terceira de Gil, e as outras de Chico.

No dia do show, souberam que a música havia sido proibida. Decidiram cantá-la sem letra, entremeada com palavras desconexas. Desta vez, porém, a censura contou com a colaboração da própria gravadora, que organizava o espetáculo e que operou a truculência. Assim que começaram, o microfone de Chico foi desligado. Irritado, ele buscou outro microfone, que também foi desativado – e assim sucessivamente, até que se rendeu, dizendo: "Vamos ao que pode", e cantou "Baioque".

Quando, em 1978, a canção foi liberada, Chico a incluiu em seu LP, e aí a censura veio de lugares antes inimagináveis: bispos da mesma Igreja que – através da Conferência Nacional dos Bispos do Brasil – criticava a existência, em toda a América Latina, de uma doutrina de segurança nacional que castrava as liberdades individuais proibiram a execução da música durante as missas.

Quinze anos depois do ocorrido, falando ao *Correio Braziliense*, Chico comentava as distorções que a censura provocava em todos os níveis:

> *"Às vezes, eu mesmo não sei o que eu quis dizer com algumas metáforas de músicas como 'Cálice', por exemplo. [...] naquela época havia uma forçação de barra muito grande, tanto a favor quanto contra. Ambos os lados liam politicamente o que não era. [...] Já disseram que o verso 'de muito gorda a porca já não anda', de 'Cálice', era uma crítica ao Delfim Netto, que era ministro. E gordo [risos]." Indagado sobre o real significado, respondeu: "Não faço a mínima ideia. [Risos] Esse verso é do Gil".*

O ano de 1973 acabava, e o Brasil ainda permaneceria barbaramente calado por um bom tempo, já que não havia nem sombra do esperado carnaval no horizonte.

O SAMBA DUPLEX E PRAGMÁTICO DE JULINHO DA ADELAIDE

TEXTO DE MARIO PRATA

Nos bares do Rio de Janeiro, nas praias badaladas, na favela, [a] Rocinha e mesmo na casa de alguns milionários e ainda em [al]gumas delegacias de Polícia, Julio Cesar Botelho de Oliveira [tal]vez não seja muito conhecido. Mas Julinho da Adelaide é figura [da]s mais notórias, simpáticas e comentadas do momento. Não se [ad]mite mais uma festa ou uma roda de samba sem a presença de [Ju]linho da Adelaide.

Seu nome passou das crônicas policiais para as sociais quando [c]antores e compositores famosos começaram a se interessar pelo [se]u samba. Chico Buarque gravou Jorge Maravilha, o MPB-4, O [M]ilagre e Nara Leão deverá gravar uma música nova.

Como começou a ficar conhecido em São Paulo, esteve aqui no [co]meço da semana para tentar mostrar seu trabalho nas casas de [sa]mba. Não lhe deram muita chance. Três dias depois encontrei em [ci]ma da minha mesa um bilhete assinado por Julinho e que termina[va] assim: "e como a barra não está dando por aqui, eu e o Leonel [va]mos amanhã para Portugal. Parece que a barra lá tá melhor pro [me]u samba". Junto ao bilhete, a fotografia de sua mãe, nos áureos [te]mpos do Urubu Negro, no Teatro Municipal no Rio.

— Eu não estou acostumado com o clima de São Paulo. Devo dizer que esta é a segunda vez que venho. A primeira vez faz muito tempo, foi na época dos festivais. Inclusive, tem um fato interessante pra contar: eu estava na platéia quando o Sergio Ricardo jogou aquele violão. Acertou aqui, ó.

— **Esta cicatriz é do violão?**

— É. Inclusive eu pedi pra não fotografar, por isso.

— **Mas são duas cicatrizes.**

— É que pegou o cabo aqui e a caixa aqui deste outro lado. Eu tenho a pele queloide, entende?

— **Quer dizer que você é um sujeito marcado pela música popular brasileira?**

— Sou. Foi aí que eu despertei para a música, inclusive. Eu não tinha ainda muita vocação musical. Quer dizer, eu já tinha feito a letra do Juca que o Chico Buarque de Hollanda gravou. Juca foi autuado em flagrante, como meliante, lembra? Foi um caso que aconteceu comigo. Mas foi no festival mesmo que eu despertei. Eu vim de ônibus.

— **Nesta época você ainda não estava nem pensando em construir casa na Gávea, não é?**

— Não, isto é um pouco de confusão que estão fazendo. Quem está construindo é o meu irmão, o Leonel. Meu irmão é procurador.

— **E esta segunda vinda a São Paulo? Você está aqui profissionalmente? Eu soube que você está com três músicas novas.**

— Três, não. Tenho muito mais que três, devo dizer isto. Eu não tenho culpa se as pessoas pedem sempre as mesmas. Em geral pedem Chama o Ladrão, Jorge Maravilha e O Milagre. Mas eu tenho muito mais músicas. Chama o Ladrão teve um problema com a Censura e O Milagre teve também. Eu queria, inclusive, aproveitar e dizer que eu não quero criar nenhum problema com a Censura porque, através do Leonel, eu tenho um diálogo muito bom com eles, entende? O Leonel, sendo meu procurador, me quebra todos os galhos, em todos os sentidos.

— **Qual a profissão do Leonel?**

— Na Carteira tá comerciário, mas ele não exerce a profissão não. Ele trabalha mais como meu procurador, tem boas relações e tal. Tem, inclusive, boas relações na Polícia. Então, em relação à Censura, eu tenho esta posição: eu acho bobagem as pessoas falarem que a Censura prejudica, quando em acho que o negócio de fazer samba, tem que se fazer muito samba. Eu faço muito samba, entende? Faço vários por dia, mesmo. O sujeito que trabalha lá, o trabalho dele é censurar música. Eu respeito muito o trabalho do cara. Quando termina o dia, perguntam: quantas músicas você censurou hoje? O meu trabalho é fazer música. Quantos sambas você fez hoje? [illegible]

Fac-símile da entrevista do enigmático Julinho da Adelaide para o jornal *Última Hora*, de São Paulo.

1974

Você não gosta de mim, mas sua filha gosta

O general Ernesto Geisel, escolhido pelo Colégio Eleitoral em janeiro de 1974, assume a presidência em março, num clima tenso, e meses depois promete uma distensão lenta, gradual e segura.

Ao mesmo tempo em que cassa e prende o deputado baiano Chico Pinto – que condenara a presença do ditador chileno Augusto Pinochet no Brasil –, o governo passa a receber representantes da Igreja para tratar das questões de tortura e de desaparecidos, e também sinaliza com a possibilidade de eliminar a censura, que todavia continuava. Chegou ao absurdo de proibir o cenário – isso mesmo – do show *Tempo e contratempo*, com o MPB-4, e, posteriormente, sua gravação em disco.

Para Chico, após o episódio de *Calabar*, a situação ficou insustentável. A proporção chegava a ser de duas músicas vetadas para uma liberada, mesmo assim com cortes. Como consequência, ele não tinha canções suficientes para um novo disco. A solução foi o LP *Sinal fechado* (1974), em que ele interpreta outros compositores. Entre os autores que cederam ou compuseram músicas para o álbum, havia um tal de Julinho da Adelaide – cuja canção, "Acorda, amor", tornou-se um dos grandes sucessos do disco.

Acorda, amor (1974)

Leonel Paiva-Julinho da Adelaide

Acorda, amor
Eu tive um pesadelo agora
Sonhei que tinha gente lá fora
Batendo no portão, que aflição
Era a dura, numa muito escura viatura
Minha nossa santa criatura
Chame, chame, chame lá
Chame, chame o ladrão, chame o ladrão

Acorda, amor
Não é mais pesadelo nada
Tem gente já no vão de escada
Fazendo confusão, que aflição
São os homens
E eu aqui parado de pijama
Eu não gosto de passar vexame
Chame, chame, chame
Chame o ladrão, chame o ladrão

Se eu demorar uns meses convém, às vezes, você sofrer
Mas depois de um ano eu não vindo
Ponha a roupa de domingo e pode me esquecer

Acorda, amor
Que o bicho é brabo e não sossega
Se você corre o bicho pega
Se fica não sei não
Atenção
Não demora
Dia desses chega a sua hora
Não discuta à toa, não reclame
Clame, chame lá, clame, chame
Chame o ladrão, chame o ladrão, chame o ladrão
(Não esqueça a escova, o sabonete e o violão)

Compositores que já tivessem uma letra proibida ficavam marcados e passavam a integrar uma espécie de lista maldita da censura. Suas canções, muitas vezes, eram vetadas simplesmente por terem o nome nesse índex. Apostando na existência da tal lista e na falibilidade dos censores, Chico compôs "Acorda, amor" com os pseudônimos de Julinho da Adelaide e Leonel Paiva, autores contra os quais não pesava nenhuma suspeita. Ele tinha razão. Foi aprovada sem restrições. A imprensa bem informada, porém censurada, usava de ironia para noticiar a descoberta do compositor da favela da Rocinha. O jornalista Silvio Lancellotti assim escreveu na revista *Veja*, em agosto de 1974:

> *Na festa da inauguração do novo Teatro Bandeirantes, dia 12, em São Paulo, [...] o próprio Chico, acuado por uma terrível síndrome de infecundidade, estava sendo obrigado, pela primeira vez em sua carreira, a recorrer a trabalhos de outros autores. Paradoxalmente, no entanto, sua descoberta, um certo Julinho da Adelaide, originário da favela da Rocinha, no Rio, demonstrou que pode tranquilamente preencher os vazios deixados pelo autor de "Fado tropical" e outras coisas. Seus estilos musicais são irmãos.*

Não só os estilos eram semelhantes. A canção descreve uma prisão muito parecida com a de Chico, quando, em dezembro de 1968, foi surpreendido dentro de casa por agentes da ditadura, que o levaram para depor.

Em setembro de 1974, o falastrão compositor deu uma longa entrevista para o dramaturgo Mario Prata, publicada no jornal *Última Hora*, de São Paulo, na qual, entre tantas coisas hilariantes, rasgava-se em elogios à censura e demonstrava um certo ciúme de Chico Buarque.

Jorge Maravilha (1974)

Julinho da Adelaide

Há nada como um tempo
Após um contratempo
Pro meu coração
E não vale a pena ficar
Apenas ficar chorando, resmungando
Até quando, não, não, não
E como já dizia Jorge Maravilha
Prenhe de razão
Mais vale uma filha na mão
Do que dois pais voando

Você não gosta de mim
Mas sua filha gosta
Você não gosta de mim
Mas sua filha gosta
Ela gosta do tango, do dengo
Do Mengo, domingo e de cócega
Ela pega e me pisca, belisca
Petisca, me arrisca e me enrosca
Você não gosta de mim
Mas sua filha gosta

Há nada como um dia
Após o outro dia
Pro meu coração
E não vale a pena ficar
Apenas ficar chorando, resmungando
Até quando, não, não, não
E como já dizia Jorge Maravilha
Prenhe de razão
Mais vale uma filha na mão
Do que dois pais sobrevoando

Você não gosta de mim
Mas sua filha gosta

Para conseguir a liberação, Chico criou novo subterfúgio, que consistia em inserir a parte que lhe interessava misturada a outros tantos textos que não tinham pé nem cabeça. A canção foi enviada à Polícia Federal, sob o pseudônimo de Julinho da Adelaide, entre as estrofes abaixo:

Você não entendeu
Que o amor dessa menina
É a chama que ilumina
A minha solidão
O meu amor por ela
É uma cidadela
Construída com paz e compreensão

Aqui vinha a letra da que interessava

E o meu amor por ela
É uma cidadela
Construída com paz e compreensão
Somente paz e compreensão
Para sempre paz e compreensão
E eu vou velar por ela
Como uma sentinela
Guardando paz e compreensão
Somente paz e compreensão
Paz sempre paz e compreensão

Como não havia obrigação de gravar todo o texto aprovado, as estrofes inicial e final foram simplesmente excluídas, restando o que de fato interessava.

Os intérpretes de entrelinhas logo vislumbraram na letra uma referência ao general Geisel, cuja filha, Amália Lucy, manifestara admiração pelas obras do autor.

Em entrevista a Tarso de Castro na *Folha de S.Paulo*, Chico revela a origem da imagem utilizada: "Aconteceu de eu ser detido por agentes de segurança, e no elevador o cara me pedir um autógrafo para a filha dele. Claro que não era o delegado, mas aquele contínuo de delegado". Foram vãs as tentativas de esclarecimento, porque até hoje muita gente crê na interpretação fantasiosa. Respondendo à mesma questão em 2007 para a revista *Almanaque*, ele diz:

> *Nunca fiz música pensando na filha do Geisel, mas essas histórias colam, há invencionices que nem adianta mais negar. Durante a ditadura, de um lado ou de outro, as pessoas gostavam de atribuir aos artistas intenções que nunca lhes passaram pela cabeça. Achavam que a maioria dos artistas só fazia música pensando em derrubar o governo. Depois da ditadura, falam que o artista só faz música para pegar mulher. Mas aí geralmente acontece o contrário, o artista inventa uma mulher para pegar a música.*

Em 1975, uma matéria sobre censura publicada no *Jornal do Brasil* revelou que Julinho da Adelaide e Chico Buarque eram a mesma pessoa. A partir de então a Polícia Federal passou a exigir cópias do RG e do CPF dos autores. O divertido compositor legou para a humanidade apenas mais uma canção: "Milagre brasileiro".

Já que era impossível compor, Chico dedicou boa parte de 1974 a escrever *Fazenda modelo*, uma novela em que, de maneira alegórica, critica as formas de dominação social, utilizando como cenário uma comunidade bovina.

Ainda não era sua volta à literatura, mas um desabafo.

Maria Bethânia e Chico, numa das mais longas temporadas de show no Canecão, no Rio de Janeiro.

1975

E qualquer desatenção, faça não, pode ser a gota d'água

O governo dava sinais de que haveria a tal distensão. Mas era uma no cravo e outra na ferradura. Ao mesmo tempo em que retirava a censura prévia do jornal *O Estado de S. Paulo*, proibia a exibição da novela *Roque Santeiro*, de Dias Gomes, pela TV Globo, da peça *Abajur lilás*, de Plínio Marcos, e do Festival de Cinema de Brasília. Recebia autoridades eclesiásticas, mas as torturas e prisões continuavam. O aparelho repressivo tornara-se um Estado dentro do Estado. O descontrole atingiu o clímax em outubro com o assassinato – que se quis fazer passar por suicídio – do jornalista Vladimir Herzog, nas dependências do DOI-Codi de São Paulo.

Em 1975, Chico escreveu com Paulo Pontes o musical *Gota d'água*, a partir de um projeto de Oduvaldo Viana Filho de adaptação para tevê de *Medeia*, de Eurípedes.

A tragédia urbana, em forma de poema com mais de 4 mil versos, tem como pano de fundo as dificuldades financeiras vividas pelos moradores do conjunto habitacional Vila do Meio-dia, e, no centro, a relação entre Joana e seu marido Jasão, um compositor popular que abandona a mulher e os dois filhos para casar-se com Alma, filha do poderoso empresário Creonte.

A distensão não chegara ao teatro. Para liberar a peça, o parceiro Paulo Pontes teve que negociar, sozinho, diversos cortes com a censura, já que Chico raramente aceitava conversar com os censores.

Sucesso de público e de crítica, a obra foi contemplada como melhor texto pela Associação Paulista de Críticos de Arte. Os autores, todavia, não aceitaram o Prêmio Molière, em sinal de protesto. Aos que julgaram a atitude antipática, eles explicaram:

> *Pois é, a gente tem que tomar uma atitude antipática de vez em quando. As pessoas se esqueceram de que, em 1975, quando* Gota d'água *foi considerada a melhor peça, para citar*

só um caso, Abajur lilás, *de Plínio Marcos, foi proibida. Nesse mesmo ano,* Rasga coração, *de Oduvaldo Vianna Filho, teve abortada uma tentativa de encenação, também por ordem da censura. Eu e Paulo Pontes chegamos à conclusão de que seria pouco ético botar* smoking *e ir receber um prêmio que talvez nem fosse da gente. Se* Abajur lilás *ou* Rasga coração *tivessem conseguido chegar ao público, e portanto disputar aquele prêmio, será que nós teríamos sido os autores escolhidos? Por isso não fomos.*

Basta um dia (1975)

Chico Buarque

Para a peça *Gota d'água*, de Chico Buarque e Paulo Pontes

Pra mim
Basta um dia
Não mais que um dia
Um meio dia
Me dá
Só um dia
E eu faço desatar
A minha fantasia
Só um
Belo dia
Pois se jura, se esconjura
Se ama e se tortura
Se tritura, se atura e se cura
A dor
Na orgia
Da luz do dia
É só
O que eu pedia
Um dia pra aplacar
Minha agonia
Toda a sangria
Todo o veneno
De um pequeno dia

Só um
Santo dia
Pois se beija, se maltrata
Se come e se mata
Se arremata, se acata e se trata
A dor
Na orgia
Da luz do dia
É só
O que eu pedia, viu
Um dia pra aplacar
Minha agonia
Toda a sangria
Todo o veneno
De um pequeno dia

Para a peça *Calabar*

Ninguém sabe de nada
Ninguém viu nada
Ninguém fez nada
Ninguém é culpado
Bichos de estimação
Nesse jardim
Cuidado
Estão todos gordos
Sempre cem por cento cegos,
Cem por cento surdos-mudos
Cem por cento sem perceber
A agonia
Da luz
Do dia.
Você,
Seu ventre inchado
Ainda vai gerar
Um fruto errado
Um bonequinho
Um macaquinho de marfim
Castrado

Originalmente, a música havia sido composta para o musical *Calabar*. Com a letra proibida pela censura, a melodia ficou engavetada até que Chico a reaproveitou em *Gota d'água*, com novos versos.

Mambordel (1975)

Chico Buarque

Para o filme *Polichinelo*, de J. G. Albicocco, jamais realizado

O rei pediu quartel
Foi proclamada a república
Neste bordel

Eu vou virar artista
Ficar famosa, falar francês
Autografar com as unhas
Eu vou, nas costas do meu freguês

Eu cobro meia entrada
Da estudantada que não tem vez
Aqui no meu teatro
Grupo de quatro paga por três

O rei pediu quartel
Foi proclamada a república
Neste bordel

Faço qualquer negócio
Passo recibo, aceito cartão
Faço facilitado, financiado
E sem correção

Ao povo nossas carícias
Ao povo nossas carências
Ao povo nossas delícias
E nossas doenças

A música, feita para um filme que nunca foi terminado, seria cantada numa situação em que as prostitutas conseguiam enxotar o dono do bordel. O puritanismo da censura proibiu a canção, que só foi gravada no álbum *Soltas na vida*, das Frenéticas.

Milagre brasileiro (1975)

Julinho da Adelaide

Cadê o meu?
Cadê o meu, ó meu?
Dizem que você se defendeu
É o milagre brasileiro
Quanto mais trabalho
Menos vejo dinheiro
É o verdadeiro boom
Tu tá no bem bom
Mas eu vivo sem nenhum

Cadê o meu?
Cadê o meu, ó meu?
Eu não falo por despeito
Mas, também, se eu fosse eu
Quebrava o teu
Cobrava o meu
Direito

A terceira e última composição de Julinho da Adelaide criticava o chamado "milagre brasileiro", que alardeava índices de crescimento enquanto o povo empobrecia. O general Médici deixara escapar durante uma entrevista que o Brasil ia bem, mas o povo ia mal. O Dieese (Departamento Intersindical de Estatística e Estudos Socioeconômicos) mostrava isso em números: em 1965, o tempo de trabalho necessário para adquirir uma cesta básica era de 88 horas e 16 minutos. Em 1974 saltou para 163 horas e 32 minutos.

Proibida pela censura, a canção só chegou aos discos em 1980, gravada por Miúcha no LP de mesmo nome.

Vinte e dois anos depois, Julinho da Adelaide reapareceria numa participação especial na faixa "Biscate", do disco *Bate-boca – As músicas de Tom Jobim & Chico Buarque* (1997), interpretada pelo Quarteto em Cy e pelo MPB-4.

Tanto mar (1975)

Chico Buarque

1ª versão 1975

Sei que estás em festa, pá
Fico contente
E enquanto estou ausente
Guarda um cravo para mim

Eu queria estar na festa, pá
Com a tua gente
E colher pessoalmente
Uma flor do teu jardim

Sei que há léguas a nos separar
Tanto mar, tanto mar
Sei também quanto é preciso, pá
Navegar, navegar

Lá faz primavera, pá
Cá estou doente
Manda urgentemente
Algum cheirinho de alecrim

2ª versão 1978

Foi bonita a festa, pá
Fiquei contente
E inda guardo, renitente
Um velho cravo para mim

Já murcharam tua festa, pá
Mas certamente

Esqueceram uma semente
Nalgum canto do jardim

Sei que há léguas a nos separar
Tanto mar, tanto mar
Sei também quanto é preciso, pá
Navegar, navegar

Canta a primavera, pá
Cá estou carente
Manda novamente
Algum cheirinho de alecrim

A versão original de 1975 é uma saudação à Revolução dos Cravos, que, em abril de 1974, depusera o regime ditatorial de Portugal. O jornalista Humberto Werneck conta que

> *o censor encarregado de encrencar com a música era Augusto da Costa – ninguém menos que o zagueiro Augusto da seleção de 1950, em cuja jurisdição, ou quase, o ataque uruguaio enfiou aquelas duas bolas no fatídico 16 de julho. "Porra, Augusto, você perde a copa e ainda vem me aporrinhar", disse Chico. O zagueiro chutou a responsabilidade pra cima dos cartolas. "Tanto mar" passou, mas sem letra.*

No último dia de show, Chico decidiu cantar com letra, correndo todos os riscos, para deleite da plateia, que acompanhava com palmas o ritmo da música.

No disco *Chico Buarque e Maria Bethânia – Ao vivo*, a letra também não pôde sair, mas Chico não se deu por vencido e gravou o texto original para a edição portuguesa do álbum.

Em 1978, já liberada (juntamente com "Apesar de você" e "Cálice"), Chico a incluiu no seu disco – porém com nova letra, uma vez que a Revolução dos Cravos frustrou as expectativas.

O cheirinho de alecrim, cuja festa já murchara em Portugal, ainda demoraria pra ser sentido nesta terra descoberta por Cabral.

Chico com Tom Jobim e Miúcha, no
estúdio durante uma gravação.

1976

Mas o que eu quero é lhe dizer que a coisa aqui tá preta

A abertura prometida por Geisel era realmente lenta. Se gradual e segura, só o tempo diria. Ela acontecia em movimentos de sístole e diástole, conforme metáfora empregada pelo chefe da Casa Civil, o general Golbery do Couto e Silva. A morte, em São Paulo, do operário Manoel Fiel Filho nos calabouços da ditadura em 17 de janeiro provoca o afastamento do comandante do II Exército, o general Ednardo D'Ávila Mello. O movimento sindical se reorganiza.

A censura chega ao paroxismo de proibir um programa enlatado de tevê que mostrava o consagrado Balé Bolshoi, pelo simples fato de ser da Rússia, então um país comunista. Em junho, a revista *Veja* livra-se da censura. A SBPC (Sociedade Brasileira para o Progresso da Ciência) aprova uma moção pela anistia. Bombas continuam atingindo organizações como Cebrap (Centro Brasileiro de Análise e Planejamento), OAB (Ordem dos Advogados do Brasil), ABI (Associação Brasileira de Imprensa), o jornal *Opinião* e a Editora Civilização Brasileira. Nas eleições municipais de novembro, o MDB vence nas grandes cidades. A inflação corrói os salários. Morrem dois ex-presidentes – Juscelino Kubitschek e João Goulart.

Chico lança seu LP *Meus caros amigos* e faz diversas canções para cinema.

Passaredo (1975-76)

Francis Hime-Chico Buarque

Para o filme *A noiva da cidade*, de Alex Viany

Ei, pintassilgo
Oi, pintarroxo
Melro, uirapuru
Ai, chega-e-vira
Engole-vento
Saíra, inhambu
Foge, asa-branca
Vai, patativa
Tordo, tuju, tuim
Xô, tié-sangue
Xô, tié-fogo
Xô, rouxinol, sem-fim
Some, coleiro
Anda, trigueiro
Te esconde, colibri
Voa, macuco
Voa, viúva
Utiariti
Bico calado
Toma cuidado
Que o homem vem aí
O homem vem aí
O homem vem aí

Ei, quero-quero
Oi, tico-tico
Anum, pardal, chapim
Xô, cotovia
Xô, ave-fria
Xô, pescador-martim
Some, rolinha
Anda, andorinha
Te esconde, bem-te-vi
Voa, bicudo

Voa, sanhaço
Vai, juriti
Bico calado
Muito cuidado
Que o homem vem aí
O homem vem aí
O homem vem aí

Quando recebeu a música de Francis, Chico achou que ali havia um clima para passarinho. Partiu do refrão "o homem vem aí" e, valendo-se de enciclopédias, dicionários, ornitólogos e amigos, desfilou uma verdadeira coleção de aves brasileiras.

Para surpresa de muitos que passaram a ver o compositor como um militante ecológico, Chico revelou durante um programa de televisão que não só não entendia de bichos como os detestava. E admitiu até um sacrilégio: deliciou-se com uma capivara assada ao som de sua composição. A vingança viria logo depois, quando, no terraço de sua casa, ouvindo "Passaredo", um representante dos ofendidos fez cocô na sua cabeça.

Mesmo não sendo um xiita da ecologia, o autor não ficou nada contente ao descobrir que uma agência de publicidade estava usando a canção para vender empreendimento imobiliário "ecológico", entre aspas mesmo.

Meu caro amigo (1976)

Francis Hime-Chico Buarque

Meu caro amigo me perdoe, por favor
Se eu não lhe faço uma visita
Mas como agora apareceu um portador
Mando notícias nessa fita
Aqui na terra tão jogando futebol
Tem muito samba, muito choro e rock'n'roll
Uns dias chove, noutros dias bate sol
Mas o que eu quero é lhe dizer que a coisa aqui tá preta
Muita mutreta pra levar a situação
Que a gente vai levando de teimoso e de pirraça
E a gente vai tomando que, também, sem a cachaça
Ninguém segura esse rojão

Meu caro amigo eu não pretendo provocar
Nem atiçar suas saudades
Mas acontece que não posso me furtar
A lhe contar as novidades
Aqui na terra tão jogando futebol
Tem muito samba, muito choro e rock'n'roll
Uns dias chove, noutros dias bate sol
Mas o que eu quero é lhe dizer que a coisa aqui tá preta
É pirueta pra cavar o ganha-pão
Que a gente vai cavando só de birra, só de sarro
E a gente vai fumando que, também, sem um cigarro
Ninguém segura esse rojão

Meu caro amigo eu quis até telefonar
Mas a tarifa não tem graça
Eu ando aflito pra fazer você ficar
A par de tudo que se passa
Aqui na terra tão jogando futebol
Tem muito samba, muito choro e rock'n'roll
Uns dias chove, noutros dias bate sol
Mas o que eu quero é lhe dizer que a coisa aqui tá preta
Muita careta pra engolir a transação

E a gente tá engolindo cada sapo no caminho
E a gente vai se amando que, também, sem um carinho
Ninguém segura esse rojão

Meu caro amigo eu bem queria lhe escrever
Mas o correio andou arisco
Se me permitem, vou tentar lhe remeter
Notícias frescas nesse disco
Aqui na terra tão jogando futebol
Tem muito samba, muito choro e rock'n'roll
Uns dias chove, noutros dias bate sol
Mas o que eu quero é lhe dizer que a coisa aqui tá preta
A Marieta manda um beijo para os seus
Um beijo na família, na Cecília e nas crianças
O Francis aproveita pra também mandar lembranças
A todo o pessoal
Adeus

O teatrólogo Augusto Boal, exilado em Portugal, vivia se queixando de que os amigos não mandavam notícias do Brasil. Na ocasião, Chico estava tentando fazer a letra para uma música romântica, mas não conseguia avançar. Pediu a Francis Hime um chorinho – e, utilizando como refrão "a coisa aqui tá preta", atualizou a correspondência e informou não só o amigo, mas todos os brasileiros, sobre a situação do país. Em depoimento para o livro *Chico Buarque do Brasil*, organizado por Rinaldo de Fernandes, Boal descreve a emoção de ouvir a homenagem pela primeira vez:

Foi assim, tranquilo e a gosto, que me lembrei do dia em que estávamos almoçando bacalhau à Braz – com Paulo Freire, sua esposa e sua equipe, Darcy Ribeiro e outros amigos exilados – na casa onde morávamos Cecília, eu e nossos filhos, em Lisboa, no Campo Pequeno – onde ainda se humilham touros com bandeirolas coloridas espetadas no sangue, sendo retirados da arena depois da faina, vivos, mas envergonhados, por doze vacas corpulentas com guizos no pescoço! –, quando, na sobremesa, minha mãe visitante me disse que tinha trazido do Brasil uma carta do Chico.

Pusemos a carta-cassete na vitrola e, pela primeira vez, ouvimos "Meu caro amigo", com Francis Hime ao piano. Falávamos tristezas, e ouvimos um canto da esperança.

Chico resistia, aqui no Brasil, escrevendo "Apesar de você" e "Vai passar"; e nos ajudava a resistir, lá fora, cantando sua amizade. Sua lírica era a mais pura poesia épica: seu caro amigo eram todos os nossos amigos, e todos os nossos amigos eram seus.

Mulheres de Atenas (1976)

Chico Buarque-Augusto Boal

Para a peça *Mulheres de Atenas*, de Augusto Boal

Mirem-se no exemplo daquelas mulheres de Atenas
Vivem pros seus maridos, orgulho e raça de Atenas
Quando amadas, se perfumam
Se banham com leite, se arrumam
Suas melenas
Quando fustigadas não choram
Se ajoelham, pedem, imploram
Mais duras penas
Cadenas

Mirem-se no exemplo daquelas mulheres de Atenas
Sofrem por seus maridos, poder e força de Atenas
Quando eles embarcam, soldados
Elas tecem longos bordados
Mil quarentenas
E quando eles voltam sedentos
Querem arrancar violentos
Carícias plenas
Obscenas

Mirem-se no exemplo daquelas mulheres de Atenas
Despem-se pros maridos, bravos guerreiros de Atenas
Quando eles se entopem de vinho
Costumam buscar o carinho

De outras falenas
Mas no fim da noite, aos pedaços
Quase sempre voltam pros braços
De suas pequenas
Helenas

Mirem-se no exemplo daquelas mulheres de Atenas
Geram pros seus maridos os novos filhos de Atenas
Elas não têm gosto ou vontade
Nem defeito nem qualidade
Têm medo apenas
Não têm sonhos, só têm presságios
O seu homem, mares, naufrágios
Lindas sirenas
Morenas

Mirem-se no exemplo daquelas mulheres de Atenas
Temem por seus maridos, heróis e amantes de Atenas
As jovens viúvas marcadas
E as gestantes abandonadas
Não fazem cenas
Vestem-se de negro, se encolhem
Se conformam e se recolhem
Às suas novenas
Serenas

Mirem-se no exemplo daquelas mulheres de Atenas
Secam por seus maridos, orgulho e raça de Atenas

Augusto Boal mostrou a Chico uma ideia de letra para a canção-tema da peça. O inacreditável, mais uma vez, aconteceu: incapazes de entender a ironia da letra, correntes radicais do movimento feminista passaram a condenar a música, por entender que ela pregava a passividade das mulheres.

O que será (À flor da pele) (1976)

Chico Buarque

Para o filme *Dona Flor e seus dois maridos*, de Bruno Barreto

O que será que me dá
Que me bole por dentro, será que me dá
Que brota à flor da pele, será que me dá
E que me sobe às faces e me faz corar
E que me salta aos olhos a me atraiçoar
E que me aperta o peito e me faz confessar
O que não tem mais jeito de dissimular
E que nem é direito ninguém recusar
E que me faz mendigo, me faz suplicar
O que não tem medida, nem nunca terá
O que não tem remédio, nem nunca terá
O que não tem receita

O que será que será
Que dá dentro da gente e que não devia
Que desacata a gente, que é revelia
Que é feito uma aguardente que não sacia
Que é feito estar doente de uma folia
Que nem dez mandamentos vão conciliar
Nem todos os unguentos vão aliviar
Nem todos os quebrantos, toda alquimia
Que nem todos os santos, será que será
O que não tem descanso, nem nunca terá
O que não tem cansaço, nem nunca terá
O que não tem limite

O que será que me dá
Que me queima por dentro, será que me dá
Que me perturba o sono, será que me dá
Que todos os tremores me vêm agitar
Que todos os ardores me vêm atiçar
Que todos os suores me vêm encharcar
Que todos os meus nervos estão a rogar
Que todos os meus órgãos estão a clamar
E uma aflição medonha me faz implorar

O que não tem vergonha, nem nunca terá
O que não tem governo, nem nunca terá
O que não tem juízo

O que será (À flor da terra) (1976)

Chico Buarque

Para o filme *Dona Flor e seus dois maridos*, de Bruno Barreto

O que será que será
Que andam suspirando pelas alcovas
Que andam sussurrando em versos e trovas
Que andam combinando no breu das tocas
Que anda nas cabeças, anda nas bocas
Que andam acendendo velas nos becos
Que estão falando alto pelos botecos
Que gritam nos mercados, que com certeza
Está na natureza, será que será
O que não tem certeza, nem nunca terá
O que não tem conserto, nem nunca terá
O que não tem tamanho

O que será que será
Que vive nas ideias desses amantes
Que cantam os poetas mais delirantes
Que juram os profetas embriagados
Que está na romaria dos mutilados
Que está na fantasia dos infelizes
Que está no dia a dia das meretrizes
No plano dos bandidos, dos desvalidos
Em todos os sentidos, será que será
O que não tem decência, nem nunca terá
O que não tem censura, nem nunca terá
O que não faz sentido

O que será que será
Que todos os avisos não vão evitar
Porque todos os risos vão desafiar
Porque todos os sinos irão repicar

Porque todos os hinos irão consagrar
E todos os meninos vão desembestar
E todos os destinos irão se encontrar
E mesmo o Padre Eterno que nunca foi lá
Olhando aquele inferno, vai abençoar
O que não tem governo, nem nunca terá
O que não tem vergonha, nem nunca terá
O que não tem juízo

O que será (Abertura) (1976)

Chico Buarque

Para o filme *Dona Flor e seus dois maridos*, de Bruno Barreto

O que será que lhe dá
O que será meu nego, será que lhe dá
Que não lhe dá sossego, será que lhe dá
Será que o meu chamego quer me judiar
Será que isso são horas dele vadiar
Será que passa fora o resto do dia
Será que foi-se embora em má companhia
Será que essa criança quer me agoniar
Será que não se cansa de desafiar
O que não tem descanso, nem nunca terá
O que não tem cansaço, nem nunca terá
O que não tem limite

O que será que será
Que dá dentro da gente e que não devia
Que desacata a gente, que é revelia
Que é feito uma aguardente que não sacia
Que é feito estar doente de uma folia
Que nem dez mandamentos vão conciliar
Nem todos os unguentos vão aliviar
Nem todos os quebrantos, toda alquimia
Que nem todos os santos, será que será
O que não tem governo, nem nunca terá
O que não tem vergonha, nem nunca terá
O que não tem juízo

Bruno Barreto pediu a Chico que fizesse uma canção para o filme *Dona Flor e seus dois maridos*, e ele pôs-se a trabalhar. Viu o copião várias vezes, porém o que lhe vinha sempre à cabeça eram as fotos de Cuba que tempos antes o jornalista Fernando Morais lhe mostrara numa reunião em sua casa. E essas imagens inspiraram o que ele batizou de "cubaião", baião cubano, misturando os ritmos das duas culturas tão parecidas, já que os mesmos negros que aportaram na Bahia foram também parar na América Central.

Entretanto, as três letras nada têm a ver com Cuba, ele garante. Quando, em 1992, Chico teve acesso à sua ficha no Dops, deu de cara com a interpretação que os censores fizeram da letra e achou graça, já que nem ele mesmo sabe "o que será", e se soubesse não haveria sentido em explicar, uma vez que a letra em si é uma pergunta.

O dueto com Milton Nascimento surgiu de maneira absolutamente casual. Francis Hime tocava a canção ao piano na gravadora quando Milton, que estava no estúdio ao lado, ouviu, encantou-se com a música e sugeriu que fosse cantada em dueto pela dupla. Chico e Francis gostaram da ideia e terminaram os arranjos já considerando a voz do cantor mineiro. No álbum de Chico *Meus caros amigos*, ambos cantaram "O que será? (À flor da terra)", e no álbum *Geraes*, de Milton, repetiram a formação cantando "O que será? (À flor da pele)".

Olhos nos olhos (1976)

Chico Buarque

Quando você me deixou, meu bem
Me disse pra ser feliz e passar bem
Quis morrer de ciúme, quase enlouqueci
Mas depois, como era de costume, obedeci

Quando você me quiser rever
Já vai me encontrar refeita, pode crer
Olhos nos olhos, quero ver o que você faz
Ao sentir que sem você eu passo bem demais

E que venho até remoçando
Me pego cantando
Sem mais nem porquê
E tantas águas rolaram
Quantos homens me amaram
Bem mais e melhor que você

Quando talvez precisar de mim
'Cê sabe que a casa é sempre sua, venha sim
Olhos nos olhos, quero ver o que você diz
Quero ver como suporta me ver tão feliz

Chico passara a tarde conversando com o amigo Paulo Pontes, cuja doença o preocupava. Saiu da visita transtornado e louco para tocar violão. Na mesma noite compôs "Olhos nos olhos". Ele usa esse episódio para ilustrar que nem sempre as canções se relacionam a vivências imediatas, posto que a letra da canção nada tem a ver com a tristeza que lhe provocara a situação do amigo.

Embora não fosse uma encomenda, Chico diz que, assim que terminou, achou que a música tinha "cara de Bethânia". Bethânia conta que recebeu a fita com um bilhete: "Vê se você gosta da música". "Nunca vou esquecer. Não consegui levantar, fiquei ali ouvindo", diz a cantora, que a transformou em sucesso inclusive nas rádios AM, onde em geral a MPB não tem espaço.

Corrente (Este é um samba que vai pra frente) (1976)

Chico Buarque

Eu hoje fiz um samba bem pra frente
Dizendo realmente o que é que eu acho

Eu acho que o meu samba é uma corrente
E coerentemente assino embaixo

Hoje é preciso refletir um pouco
E ver que o samba tá tomando jeito

Só mesmo embriagado ou muito louco
Pra contestar e pra botar defeito

Precisa ser muito sincero e claro
Pra confessar que andei sambando errado

Talvez precise até tomar na cara
Pra ver que o samba tá bem melhorado

Tem mais é que ser bem cara de tacho
Não ver a multidão sambar contente

Isso me deixa triste e cabisbaixo
Por isso eu fiz um samba bem pra frente

Dizendo realmente o que é que eu acho
Eu acho que o meu samba é uma corrente

E coerentemente assino embaixo
Hoje é preciso refletir um pouco

E ver que o samba tá tomando jeito
Só mesmo embriagado ou muito louco

Pra contestar e pra botar defeito
Precisa ser muito sincero e claro

Pra confessar que andei sambando errado
Talvez precise até tomar na cara

Pra ver que o samba tá bem melhorado
Tem mais é que ser bem cara de tacho

Não ver a multidão sambar contente
Isso me deixa triste e cabisbaixo

Por isso eu fiz um samba bem pra frente
Dizendo realmente o que é que eu acho

O subtítulo faz referência a uma espécie de hino do regime militar que dizia:

Este é um país que vai pra frente
Hô, hô, hô, hô, hô
De uma gente amiga e tão contente
Hô, hô, hô, hô, hô
Este é um país que vai pra frente
De um povo unido, de grande valor
É um país que canta, trabalha e se agiganta
É o Brasil de nosso amor!

e que alcançou grande sucesso gravado pelo conjunto Os Incríveis.

Certamente, ao terminá-la, Chico ainda vivia assombrado com a censura, tanto que pensou em enviá-la com outro pseudônimo, Pedrinho Manteiga, e para isso até preparou uma pequena biografia do "novo compositor":

Pedro Altino dos Santos é funcionário da Brahma. Compositor bissexto, tem 4 (quatro) músicas gravadas com o nome artístico de Pedrinho Manteiga, além de quase 60 (sessenta) inéditas. "Este é um samba que vai pra frente", de Pedrinho Manteiga, foi selecionado entre as 110 canções num festival organizado pela empresa em que trabalha. Deverá ser gravado pelo cantor Jair Rodrigues, segundo os organizadores daquele festival.

Diferentemente de Julinho da Adelaide, Pedro Manteiga não ganhou vida, não deu entrevistas, não teve músicas gravadas (nem censuradas) e ficou apenas nesse bilhete. Chico assinou a composição, que, afinal, não teve problemas com a então moribunda censura.

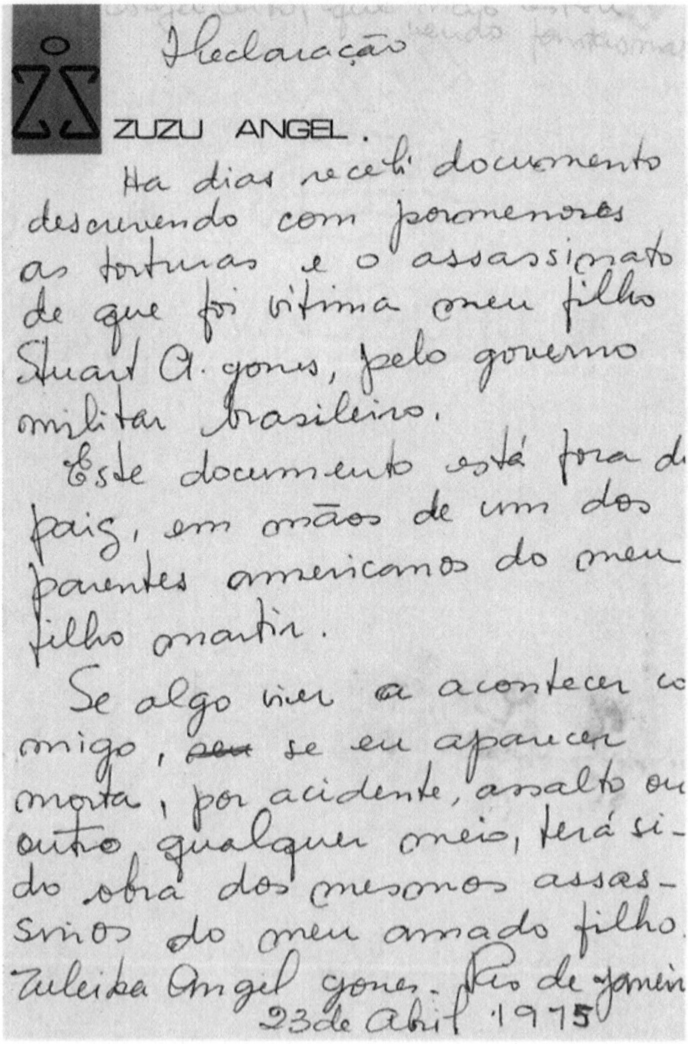

Declaração

ZUZU ANGEL.

Ha dias recebi documento descrevendo com pormenores as torturas e o assassinato de que foi vitima meu filho Stuart A. Jones, pelo governo militar brasileiro.

Este documento está fora do país, em mãos de um dos parentes americanos do meu filho martir.

Se algo vier a acontecer comigo, ~~seu~~ se eu aparecer morta, por acidente, assalto ou outro qualquer meio, terá sido obra dos mesmos assassinos do meu amado filho.

Zuleika Angel Jones. Rio de Janeiro
23 de Abril 1975

Bilhete da estilista Zuzu Angel, que inspirou a letra de "Angélica".

1977

Eu era tão criança, e ainda sou, querendo acreditar que o dia vai raiar

A abertura sofre golpes vindos de seu próprio esquema de sustentação. O Congresso, mesmo com maioria governista, dava sinais de que não aprovaria a reforma do Judiciário, proposta pelo Executivo. Para evitar essa e futuras derrotas, Geisel fecha o Congresso e baixa o "pacote de abril", estabelecendo, entre outras coisas: que um terço dos senadores passaria a ser indicado pelo presidente da República; a ampliação do mandato de presidente de cinco para seis anos; a manutenção das eleições indiretas para escolha de governadores e a diminuição do poder político dos estados mais populosos no Congresso Nacional.

Volta a endurecer a repressão aos opositores do regime. A Universidade de Brasília é ocupada em junho por 2 mil militares. Em outubro Geisel demite o ministro do Exército, o general Sylvio Frota, representante da linha dura que se opunha à prometida distensão lenta, gradual e segura.

Por contrato, Chico deveria fazer um disco em 1977. Aproveitou o traquejo adquirido na convivência com três filhas pequenas e sugeriu a adaptação de *Os saltimbancos*, história baseada em *Os músicos de Bremen*, dos irmãos Grimm, com letras de Sergio Bardotti e músicas de Luis Enríquez Bacalov. A ideia de um disco infantil – cujo mercado era solenemente desprezado – foi apenas tolerada pela gravadora como uma forma de não criar caso com o artista. Graças ao amigo e parceiro Sergio Bardotti, que lhe cedeu, gratuitamente, um fonograma com toda a base e a orquestração, ele pôde mais uma vez tocar no assunto com seus patrões, e mais uma vez a atitude foi de tolerância. Não mais que isso.

Chico então fez as versões, e com Miúcha, Nara Leão, o Magro e o Rui, do MPB-4, mais um coro de crianças, entre as quais suas filhas Silvia e Helena, gravou o disco, que em pouco tempo atingiu a casa de 100 mil cópias vendidas – sucesso surpreendente para a época e até hoje uma referência em canções infantis. Essa, porém, não foi a primeira incursão de Chico na delicada tarefa de produzir para crianças. Em 1966 ele fez as músicas para a peça teatral *O patinho preto*, de Walter Quaglia, e participou da gravação do disco do espetáculo.

Samba para Vinicius (1977)

Toquinho-Chico Buarque

Poeta
Meu poeta camarada
Poeta da pesada
Do pagode e do perdão
Perdoa essa canção improvisada
Em tua inspiração
De todo o coração
Da moça e do violão
Do fundo

Poeta
Poetinha vagabundo
Quem dera todo mundo
Fosse assim feito você
Que a vida não gosta de esperar
A vida é pra valer
A vida é pra levar
Vinicius, velho, saravá

Quem conta é o amigo e parceiro Toquinho:

Um dia, vaidosamente, Vinicius me falava da vontade de que cada letrista amigo fizesse uma letra em sua homenagem. Achei a ideia boa, apesar de extravagante. Então pedi ao Chico que fizesse um retrato simples e direto numa letra. E a letra é a própria fotografia do Vina. Sintética, direta, original, própria do talento que só o Chico tem.

Angélica (1977)

Miltinho-Chico Buarque

Quem é essa mulher
Que canta sempre esse estribilho?
Só queria embalar meu filho
Que mora na escuridão do mar

Quem é essa mulher
Que canta sempre esse lamento?
Só queria lembrar o tormento
Que fez o meu filho suspirar

Quem é essa mulher
Que canta sempre o mesmo arranjo?
Só queria agasalhar meu anjo
E deixar seu corpo descansar

Quem é essa mulher
Que canta como dobra um sino?
Queria cantar por meu menino
Que ele já não pode mais cantar

Esta é uma das poucas canções em que o título se refere a uma pessoa real. Trata-se da estilista Zuzu Angel, cujo filho Stuart, militante do MR8, fora morto em 1971 por órgãos de segurança da Aeronáutica, com requintes de crueldade. Ataram-lhe a boca ao escapamento de um veículo posto depois em movimento. Seu corpo nunca foi encontrado, e a mãe dedicou o resto da vida à busca dos restos mortais do filho e a denunciar as torturas. Valendo-se do fato de que o pai de Stuart era americano, conseguiu contatos com diversos senadores dos Estados Unidos e chegou a entregar, pessoalmente, um relatório ao chefe do Departamento de Estado, Henry Kissinger, quando de sua visita ao Brasil.

A estilista passava regularmente na casa de Chico para mantê-lo informado sobre sua luta, mostrando-lhe relatórios e notícias. Numa dessas vezes, deixou para o compositor um bilhete onde denunciava as torturas a que seu filho fora submetido. Muitos anos depois, o escritor Zuenir Ventura revelaria que ele, Chico e Paulo Pontes produziram cópias do bilhete, que enviaram anonimamente para a imprensa e parlamentares.

Na manhã de 14 de abril de 1976, ela cumpriu a rotina e deixou para o compositor, além de documentos, três camisetas com anjinhos desenhados, uma para cada filha. No mesmo dia, morreu num atentado que a ditadura tentou fazer passar como acidente de carro. Em 2006, Chico regravou a música especialmente para o filme *Zuzu Angel*, de Sérgio Rezende, com Patrícia Pillar no papel da estilista.

Feijoada completa (1977)

Chico Buarque

Para o filme *Se segura, malandro*, de Hugo Carvana

Mulher
Você vai gostar
Tô levando uns amigos pra conversar
Eles vão com uma fome que nem me contem
Eles vão com uma sede de anteontem
Salta cerveja estupidamente gelada prum batalhão
E vamos botar água no feijão

Mulher
Não vá se afobar
Não tem que pôr a mesa, nem dá lugar
Ponha os pratos no chão, e o chão tá posto
E prepare as linguiças pro tira-gosto
Uca, açúcar, cumbuca de gelo, limão
E vamos botar água no feijão

Mulher
Você vai fritar
Um montão de torresmo pra acompanhar
Arroz branco, farofa e a malagueta
A laranja-baía ou da seleta
Joga o paio, carne-seca, toucinho no caldeirão
E vamos botar água no feijão

Mulher
Depois de salgar
Faça um bom refogado, que é pra engrossar
Aproveite a gordura da frigideira
Pra melhor temperar a couve mineira
Diz que tá dura, pendura a fatura no nosso irmão
E vamos botar água no feijão

O filme *Se segura, malandro* continua a história de *Vai trabalhar, vagabundo* (1973). Carvana pediu a Chico uma música para uma festa que de certa forma prenunciava a anistia política e a volta ao estado de direito, bandeiras de luta dos movimentos sociais organizados. Como se esperavam para a festa muitas bocas – exilados e, sobretudo, o povo marginalizado –, era necessário "botar água no feijão".

À semelhança do que ocorrera com "Passaredo", muitos enxergaram no compositor dotes culinários que na realidade ele não tem. Para fazer a letra mais uma vez Chico se valeu de livros – e, no caso, mais especificamente do poema "Feijoada à minha moda", do compadre Vinicius de Moraes, dedicado à autora de livros de receitas Helena Sangirardi.

A canção ganhou uma letra em húngaro, feita por Pál Ferenc, tradutor do romance *Budapeste*, e foi incluída – com as vozes do cantor húngaro András Domján, de Ary Byspo e do grupo de pagode Toque de Prima – na trilha sonora do filme de Walter Carvalho, lançado em 2009.

Maninha (1977)

Chico Buarque

Se lembra da fogueira
Se lembra dos balões
Se lembra dos luares dos sertões
A roupa no varal
Feriado nacional
E as estrelas salpicadas nas canções
Se lembra quando toda modinha
Falava de amor
Pois nunca mais cantei, ó maninha
Depois que ele chegou

Se lembra da jaqueira
A fruta no capim
O sonho que você contou pra mim
Os passos no porão
Lembra da assombração
E das almas com perfume de jasmim
Se lembra do jardim, ó maninha
Coberto de flor
Pois hoje só dá erva daninha
No chão que ele pisou

Se lembra do futuro
Que a gente combinou
Eu era tão criança e ainda sou
Querendo acreditar
Que o dia vai raiar
Só porque uma cantiga anunciou
Mas não me deixe assim, tão sozinho
A me torturar
Que um dia ele vai embora, maninha
Pra nunca mais voltar

Chico diz que é uma canção zangada disfarçada de delicadeza, falando de uma infância imaginária. Vinicius brincava, dizendo que "é tudo mentira, tudo mentira. Não tinha jaqueira nenhuma, não tinha balão". O hábito, desenvolvido nos anos mais cruéis da ditadura, de ler nas entrelinhas, fazia com que as pessoas especulassem sobre quem seria o "ele" de "depois que ele chegou". Até Tom Jobim brincava dizendo: "Ele! Ele! Ele é o general".

Embora a canção tenha sido composta para sua irmã Miúcha gravar, Chico assegura que a "maninha" da letra nada tem a ver com irmã, mas sim com uma forma de tratamento carinhosa, assim como "iaiá" ou "querida".

"Maninha" foi utilizada na trilha sonora da novela *Espelho mágico* (1977), da TV Globo, marcando o fim do boicote começado em 1971.

O cio da terra (1977)

Milton Nascimento-Chico Buarque

Debulhar o trigo
Recolher cada bago do trigo
Forjar no trigo o milagre do pão
E se fartar de pão

Decepar a cana
Recolher a garapa da cana
Roubar da cana a doçura do mel
Se lambuzar de mel

Afagar a terra
Conhecer os desejos da terra
Cio da terra, a propícia estação
E fecundar o chão

Milton Nascimento havia feito a música pensando nos cantos das mulheres camponesas do vale do Rio Doce que trabalham na colheita de algodão. A complicação da música, que possui uma estrutura quebrada a todo instante, com o ritmo solto, é pinto pequeno comparada com o que ouviu por lá, como Chico afirma em entrevista.

Junto com "Primeiro de maio", integrou o compacto que comemorava a data em 1977, momento em que o movimento sindical na região do ABCD paulista começava a se reorganizar sob a direção de um jovem metalúrgico chamado Luiz Inácio da Silva, o Lula.

Primeiro de maio (1977)

Milton Nascimento-Chico Buarque

Hoje a cidade está parada
E ele apressa a caminhada
Pra acordar a namorada logo ali
E vai sorrindo, vai aflito
Pra mostrar, cheio de si
Que hoje ele é senhor das suas mãos
E das ferramentas

Quando a sirene não apita
Ela acorda mais bonita
Sua pele é sua chita, seu fustão
E, bem ou mal, é o seu veludo
É o tafetá que Deus lhe deu
E é bendito o fruto do suor
Do trabalho que é só seu

Hoje eles hão de consagrar
O dia inteiro pra se amar tanto
Ele, o artesão
Faz dentro dela a sua oficina
E ela, a tecelã
Vai fiar nas malhas do seu ventre
O homem de amanhã

A canção foi cantada pela primeira vez por Chico e Milton no Teatro Carlos Gomes, em comemoração ao Dia do Trabalho.

Chico

Você lê jornais ? Então sabe que seu "pai espiritual", Fidel Castro, continua libertando milhares de presos políticos. O Brasil tem cerca de 4 e Cuba milhares. Onde há mais liberdade ? Você continua sendo o primeiro em nossa relação.

O Comando de Caça aos Comunistas deseja a você, ativista da canalha comunista que enxovalha nosso país, um péssimo Natal e que se realize no ano de 1980 nosso confronto final.

Художник Е. Е. Лансере.
Хаджи Мурат с нукерами.
Иллюстрация к «Хаджи Мурату» Л. Н. Толстого.

Москва. «Советский художник»

Cartão de boas-festas do Comando de Caça aos Comunistas (CCC) para Chico Buarque.

1978

Pois já não vales nada, és página virada, descartada do meu folhetim

Geisel chegava ao último ano de seu governo. Resistira às pressões da linha dura, mas não deixara barato para os opositores. Em março eclodiria no ABC paulista a primeira greve desde 1964. Mas um governo civil teria que esperar um pouco mais. Em outubro, o Colégio Eleitoral elegeria o general João Baptista de Oliveira Figueiredo como o último presidente do ciclo militar.

Em outubro, a Emenda Constitucional nº 11, com vigência a partir de 1-1-1979, revoga o AI-5, e em dezembro é sancionada a nova Lei de Segurança Nacional, com penas mais brandas, possibilitando a revisão das condenações impostas. E, finalmente, um decreto permite o retorno dos banidos pelo regime.

De qualquer forma, já se respirava um pouco mais aliviado que nos anos anteriores, tanto que três canções de Chico – "Apesar de você" (1970), "Cálice" (1973) e "Tanto mar" (1975) – que estavam proibidas puderam ser gravadas no seu LP desse ano, que ele afirma ser um disco em que sua música começa a se livrar do sufoco imposto pela situação do país.

Outro sinal de que o ar estava mais respirável foi o fato de Chico ter ido a Cuba, em fevereiro de 1978, como jurado de um prêmio literário. O Brasil não mantinha relações diplomáticas com a ilha de Fidel, e era impossível ir diretamente para Havana. Marieta e Chico foram para Portugal, onde o compositor tinha um show, e de lá seguiram para a capital cubana. Na volta também passaram por Lisboa. Sem que fosse combinado, outros jurados – Fernando Morais, que voltara pelo México, e Antonio Callado, pelos Estados Unidos – chegaram ao Brasil no mesmo dia, embora em horários diferentes. E descobriram que, na verdade, o ar não era tão leve como se supunha. Todos foram presos e levados a prestar depoimento nos órgãos de segurança. As dez horas de detenção não desanimaram Chico, que voltou várias vezes a Cuba, tornando-se uma espécie de embaixador informal, função que lhe rendeu, além de algumas detenções, ameaças como a que recebeu no Natal:

> *Você lê jornais? Então sabe que seu "pai espiritual", Fidel Castro, está libertando milhares de presos políticos. O Brasil tem cerca de 400 e Cuba milhares. Onde há mais liberdade? "Cálice" a voz da razão quando grita a ideologia, não é? Você é o primeiro de nossa relação. O Comando de Caça aos Comunistas deseja a você, ativista da canalha comunista que enxovalha nosso país, um péssimo Natal e que se realize no ano de 1979 nosso confronto final.*

O Brasil somente retomaria as relações diplomáticas com aquele país em 1985, durante o governo de José Sarney.

A censura exibia sinais de debilidade também no teatro. Em entrevista a *IstoÉ*, Chico dizia que

> *quando os censores vieram a assistir à peça, eles mesmos sentiram que já não tinham mais aquela prepotência com que se apresentavam há um ou dois anos. Agora eles sabem que cumprem um papel anacrônico. [...] Em outras épocas, chegavam dispostos a cortar tudo. Agora já se sentem como em fim de mandato.*

A peça a que ele se referia era a *Ópera do malandro*.

Ao ler a notícia da morte do famoso bandido Gino Amleto Meneghetti, italiano radicado no Brasil, o diretor Luiz Antônio Martinez Corrêa pensou em fazer uma adaptação da *Ópera dos mendigos* (1729), de John Gay, e procurou Chico Buarque. Este, por sua vez, tinha um projeto semelhante com Ruy Guerra, que era a adaptação da *Ópera dos três vinténs* (1928), de Bertolt Brecht. Do estudo das duas peças nasceu a *Ópera do malandro*, que estreou no dia 26 de junho de 1978, no Teatro Ginástico do Rio, tendo no elenco Ary Fontoura, Maria Alice Vergueiro, Marieta Severo, Otávio Augusto, Elba Ramalho, Emiliano Queirós, Ivens Godinho, Vander de Castro, Paschoal Villaboim, Ivan de Almeida, Vicente Barcelos, Ilva Nino, Cidinha Milan, Elza de Andrade, Neuza Borges, Maria Alves e Cláudia Jiménez.

Ambientada no bairro da Lapa, reduto da malandragem carioca, a peça mostra as transformações do país no final da Segunda Guerra, com o aumento da influência americana em todos os setores da vida brasileira. Duran e Vitória administram uma cadeia de bordéis. Teresinha, filha do casal, volta do exterior e se aproxima de Max, um ambicioso malandro contrabandista, para, juntos, criarem um empreendimento moderno em contraposição aos negócios ultrapassados do pai. As relações do poder com a marginalidade são personificadas no inspetor Chaves, a quem Max chama de Tigrão.

Além de escrever o texto, Chico compôs dezessete canções para a peça.

Folhetim (1977-78)

Chico Buarque

Para a peça *Ópera do malandro*, de Chico Buarque

Se acaso me quiseres
Sou dessas mulheres
Que só dizem sim
Por uma coisa à toa
Uma noitada boa
Um cinema, um botequim

E, se tiveres renda
Aceito uma prenda
Qualquer coisa assim
Como uma pedra falsa
Um sonho de valsa
Ou um corte de cetim

E eu te farei as vontades
Direi meias verdades
Sempre à meia luz
E te farei, vaidoso, supor
Que és o maior e que me possuis

Mas na manhã seguinte
Não conta até vinte
Te afasta de mim
Pois já não vales nada
És página virada
Descartada do meu folhetim

Embora seja uma música composta para a peça, Chico explica que muitas vezes o personagem

> *não era tão claro quanto quem iria cantar. Então, às vezes, eu pensava no ator ou na atriz que iria cantar. Mas, às vezes, a atriz que iria cantar cantaria só no teatro, porque não era uma cantora profissional. Então misturava, na minha cabeça, a encomenda da personagem, a atriz e a cantora que eu gostaria que gravasse aquela música. Assim saíram canções como "Folhetim", que tinha a cara de Gal e que servia pra personagem.*

Herbert de Souza, o Betinho, foi o primeiro a ouvir a canção, através de uma ligação telefônica que Chico e o cartunista Henfil fizeram para o Canadá, onde o sociólogo estava exilado.

Geni e o zepelim (1977-78)

Chico Buarque

Para a peça *Ópera do malandro*, de Chico Buarque

De tudo que é nego torto
Do mangue e do cais do porto
Ela já foi namorada
O seu corpo é dos errantes
Dos cegos, dos retirantes
É de quem não tem mais nada
Dá-se assim desde menina
Na garagem, na cantina
Atrás do tanque, no mato
É a rainha dos detentos
Das loucas, dos lazarentos
Dos moleques do internato
E também vai amiúde
Co'os velhinhos sem saúde
E as viúvas sem porvir
Ela é um poço de bondade
E é por isso que a cidade
Vive sempre a repetir
Joga pedra na Geni
Joga pedra na Geni
Ela é feita pra apanhar
Ela é boa de cuspir
Ela dá pra qualquer um
Maldita Geni

Um dia surgiu, brilhante
Entre as nuvens, flutuante
Um enorme zepelim
Pairou sobre os edifícios
Abriu dois mil orifícios
Com dois mil canhões assim
A cidade apavorada
Se quedou paralisada
Pronta pra virar geleia

Mas do zepelim gigante
Desceu o seu comandante
Dizendo: — Mudei de ideia

— Quando vi nesta cidade
— Tanto horror e iniquidade
— Resolvi tudo explodir
— Mas posso evitar o drama
— Se aquela formosa dama
— Esta noite me servir
Essa dama era Geni
Mas não pode ser Geni
Ela é feita pra apanhar
Ela é boa de cuspir
Ela dá pra qualquer um
Maldita Geni

Mas, de fato, logo ela
Tão coitada e tão singela
Cativara o forasteiro
O guerreiro tão vistoso
Tão temido e poderoso
Era dela prisioneiro
Acontece que a donzela
— e isso era segredo dela —
Também tinha seus caprichos
E a deitar com homem tão nobre
Tão cheirando a brilho e a cobre
Preferia amar com os bichos
Ao ouvir tal heresia
A cidade em romaria
Foi beijar a sua mão
O prefeito de joelhos
O bispo de olhos vermelhos
E o banqueiro com um milhão
Vai com ele, vai, Geni
Vai com ele, vai, Geni
Você pode nos salvar
Você vai nos redimir

Você dá pra qualquer um
Bendita Geni

Foram tantos os pedidos
Tão sinceros, tão sentidos
Que ela dominou seu asco
Nessa noite lancinante
Entregou-se a tal amante
Como quem dá-se ao carrasco
Ele fez tanta sujeira
Lambuzou-se a noite inteira
Até ficar saciado
E nem bem amanhecia
Partiu numa nuvem fria
Com seu zepelim prateado
Num suspiro aliviado
Ela se virou de lado
E tentou até sorrir
Mas logo raiou o dia
E a cidade em cantoria
Não deixou ela dormir
Joga pedra na Geni
Joga bosta na Geni
Ela é feita pra apanhar
Ela é boa de cuspir
Ela dá pra qualquer um
Maldita Geni

A música, cuja história é baseada na da prostituta do conto "Bola de sebo", de Guy de Maupassant, rapidamente virou sucesso – e, como tal, gerou reações as mais diversas. Interpretações equivocadas da letra levaram até vândalos a atirar areia em prostitutas, usando o bordão catártico "joga bosta na Geni". Em entrevista ao programa *Canal livre*, em 1980, Chico lamenta o fato, dizendo que todo artista está sujeito a coisas do tipo, mas que não deve submeter o processo criativo ao temor de ser mal entendido.

De outra feita um vendedor de cocos de uma barraca de praia, ao reconhecer o compositor, saudou-o, dizendo: "Chico Buarque, o bispo dos olhos vermelhos!". Só depois do susto é que ele se lembrou do verso da canção, e ficou remoendo como é que um cidadão guarda essa imagem durante tanto tempo. Ele crê que as pessoas gostam dos artistas por equívoco, ou por motivos que são mais delas que do artista: "Você nunca sabe o que faz determinada pessoa gostar da sua música, ou por que ela gosta de tal música sua".

A canção serviu de base para um espetáculo solo de dança da atriz e bailarina Marilena Ansaldi, em 1980, para o qual Chico compôs com Francis Hime a canção "Pássara".

Léo (1978)

Milton Nascimento-Chico Buarque

Um pé na soleira e um pé na calçada
Um pião
Um passo na estrada e um pulo no mato
Um pedaço de pau
Um pé de sapato e um pé de moleque
Léo

Um pé de moleque e um rabo de saia
Um serão
As sombras da praia e o sonho na esteira
Uma alucinação
Uma companheira e um filho no mundo
Léo

Um filho no mundo e o mundo virado
Um irmão
Um livro, um recado, uma eterna viagem
A mala de mão
A cara, a coragem e um plano de voo
Léo

Um plano de voo e um segredo na boca
O ideal

Um bicho na toca e o perigo por perto
Uma pedra, um punhal
Um olho desperto e um olho vazado
Léo

Um olho vazado e um tempo de guerra
Um paiol
Um nome na serra e um nome no muro
A quebrada do sol
Um tiro no escuro e um corpo na lama
Léo

Um nome na lama e um silêncio profundo
Um pião
Um filho no mundo e uma atiradeira
Um pedaço de pau
Um pé na soleira e um pé na calçada

Este é mais um caso em que o nome da música tem correspondência na vida real. Milton Nascimento fez a canção inspirado na dolorosa separação de um casal amigo cujo filho se chama Léo.

Pivete (1978)

Francis Hime-Chico Buarque

Monsieur have money per mangiare

No sinal fechado
Ele vende chiclete
Capricha na flanela
E se chama Pelé
Pinta na janela
Batalha algum trocado
Aponta um canivete
E até
Dobra a Carioca, olerê
Desce a Frei Caneca, olará
Se manda pra Tijuca
Sobe o Borel
Meio se maloca
Agita numa boca
Descola uma mutuca
E um papel
Sonha aquela mina, olerê
Prancha, parafina, olará
Dorme gente fina
Acorda pinel
Zanza na sarjeta
Fatura uma besteira
E tem as pernas tortas
E se chama Mané
Arromba uma porta
Faz ligação direta
Engata uma primeira
E até
Dobra a Carioca, olerê
Desce a Frei Caneca, olará
Se manda pra Tijuca
Na contramão
Dança para-lama

Já era para-choque
Agora ele se chama
Emersão (Airtão)
Sobe no passeio, olerê
Pega no Recreio, olará
Não se liga em freio
Nem direção

No sinal fechado
Ele transa chiclete
E se chama pivete
E pinta na janela
Capricha na flanela
Descola uma bereta
Batalha na sarjeta
E tem as pernas tortas

Lendo uma reportagem sobre meninos da Candelária, que mendigam num idioma que mistura várias línguas, Chico decidiu incluir a frase "Monsieur have money per mangiare" na regravação que fez em 1990. Em 23 de julho de 1993, oito de seus "pequenos parceiros" foram barbaramente assassinados no episódio conhecido como a Chacina da Candelária.

Trocando em miúdos (1978)

Francis Hime-Chico Buarque

Eu vou lhe deixar a medida do Bonfim
Não me valeu
Mas fico com o disco do Pixinguinha, sim?
O resto é seu
Trocando em miúdos, pode guardar
As sobras de tudo que chamam lar
As sombras de tudo que fomos nós
As marcas de amor nos nossos lençóis
As nossas melhores lembranças

Aquela esperança de tudo se ajeitar
Pode esquecer
Aquela aliança, você pode empenhar
Ou derreter
Mas devo dizer que não vou lhe dar
O enorme prazer de me ver chorar
Nem vou lhe cobrar pelo seu estrago
Meu peito tão dilacerado

Aliás
Aceite uma ajuda do seu futuro amor
Pro aluguel
Devolva o Neruda que você me tomou
E nunca leu
Eu bato o portão sem fazer alarde
Eu levo a carteira de identidade
Uma saideira, muita saudade
E a leve impressão de que já vou tarde

O poeta Sérgio Antunes conta que até mesmo numa canção como essa, que descreve momentos da separação de um casal, os censores enxergavam uma tentativa de subversão. A simples referência a um livro do poeta chileno Pablo Neruda, que pertencera ao Partido Comunista de seu país, era suficiente para proibirem uma letra.

Ao tomar conhecimento do motivo estapafúrdio da proibição, Chico teria dito aos advogados encarregados de lidar com a censura que não havia nenhum perigo de subversão, já que a moça, embora tenha ficado com o livro, nunca chegou a lê-lo. O autor não se lembra da história, que ilustra de forma magistral o obscurantismo da época, mas admite que inúmeras vezes municiou os advogados com respostas atravessadas como essa. Se o argumento colou, não se sabe, mas o fato é que a canção foi liberada.

A oposição obtém significativo avanço em termos de votos nas eleições de novembro, porém isso não se reflete na composição do parlamento, graças às regras do pacote de abril de 1977.

1979

Jamais cantei tão lindo assim

O general Figueiredo toma posse em 15 de março. Em agosto, o Congresso Nacional aprova a Lei da Anistia – que, todavia, não era a ampla, geral e irrestrita almejada pelo movimento iniciado anos antes. A lei aprovada era bem mais generosa com militares e torturadores do que com torturados e desaparecidos, além de excluir do benefício os participantes de "atos terroristas".

De qualquer forma, os exilados puderam retornar ao país. Entre eles estavam o ex-governador do Rio Grande do Sul Leonel Brizola, o ex-governador de Pernambuco Miguel Arraes, o ex-deputado federal Márcio Moreira Alves, os dirigentes comunistas Gregório Bezerra e Luís Carlos Prestes e o ex-guerrilheiro Fernando Gabeira. O retorno dessas lideranças acelera a reforma partidária, e em novembro é restabelecido o pluripartidarismo, que cria as condições para a luta pela volta das eleições diretas em todos os níveis.

No final dos anos 70, a inflação anual batia na casa dos 94,7%, e proliferavam greves entre as categorias mais organizadas. Mas tudo indicava que, não obstante os percalços, o dia prenunciado em "Apesar de você" estava se aproximando.

Chico publica *Chapeuzinho amarelo*, com ilustrações de Donatella Berlendis, um poema baseado em histórias que contava para sua filha Luisa, tratando de forma bem-humorada a questão do medo. O livro foi considerado "altamente recomendável" pela Fundação Nacional do Livro Infanto-juvenil. Chico continua se apresentando em shows populares, como os de 1º de maio, dos quais era um dos principais organizadores. Não sem um ou outro problema com a censura, chega às lojas o álbum duplo *Ópera do malandro*, com as canções da peça.

Chico Buarque sorridente,
como de costume.

A Rosa (1979)

Chico Buarque

Arrasa o meu projeto de vida
Querida, estrela do meu caminho
Espinho cravado em minha garganta
Garganta
A santa às vezes troca meu nome
E some

E some nas altas da madrugada
Coitada, trabalha de plantonista
Artista, é doida pela Portela
Ói ela
Ói ela, vestida de verde e rosa

A Rosa garante que é sempre minha
Quietinha, saiu pra comprar cigarro
Que sarro, trouxe umas coisas do Norte
Que sorte
Que sorte, voltou toda sorridente

Demente, inventa cada carícia
Egípcia, me encontra e me vira a cara
Odara, gravou meu nome na blusa
Abusa, me acusa
Revista os bolsos da calça

A falsa limpou a minha carteira
Maneira, pagou a nossa despesa
Beleza, na hora do bom me deixa, se queixa
A gueixa
Que coisa mais amorosa
A Rosa

Ah, Rosa, e o meu projeto de vida?
Bandida, cadê minha estrela-guia?
Vadia, me esquece na noite escura
Mas jura
Me jura que um dia volta pra casa

Arrasa o meu projeto de vida
Querida, estrela do meu caminho
Espinho cravado em minha garganta
Garganta
A santa às vezes me chama Alberto
Alberto

Decerto sonhou com alguma novela
Penélope, espera por mim bordando
Suando, ficou de cama com febre
Que febre
A lebre, como é que ela é tão fogosa
A Rosa

A Rosa jurou seu amor eterno
Meu terno ficou na tinturaria
Um dia me trouxe uma roupa justa
Me gusta, me gusta
Cismou de dançar um tango

Meu rango sumiu lá da geladeira
Caseira, seu molho é uma maravilha
Que filha, visita a família em Sampa
Às pampa, às pampa
Voltou toda descascada

A fada, acaba com a minha lira
A gira, esgota a minha laringe
Esfinge, devora a minha pessoa
À toa, a boa
Que coisa mais saborosa
A Rosa

Ah, Rosa, e o meu projeto de vida?
Bandida, cadê minha estrela-guia?
Vadia, me esquece na noite escura
Mas jura
Me jura que um dia volta pra casa

O cantor italiano Sergio Endrigo pediu a Chico uma canção que falasse de dois homens disputando uma mesma mulher, para gravarem em dueto no seu disco *Exclusivamente Brasil* (1979). Mas o sucesso de "A Rosa" veio com a gravação da dupla Djavan/Chico no álbum *Alumbramento* (1980), a tal ponto que a maioria das pessoas crê que a música seja do cantor alagoano. A confusão foi tão grande que até no *site* de Djavan a canção constou como sua durante muito tempo.

Bye bye, Brasil (1979)

Roberto Menescal-Chico Buarque

Para o filme *Bye bye, Brasil*, de Cacá Diegues

Oi, coração
Não dá pra falar muito não
Espera passar o avião
Assim que o inverno passar
Eu acho que vou te buscar
Aqui tá fazendo calor
Deu pane no ventilador
Já tem fliperama em Macau
Tomei a costeira em Belém do Pará
Puseram uma usina no mar
Talvez fique ruim pra pescar
Meu amor

No Tocantins
O chefe dos parintintins
Vidrou na minha calça Lee
Eu vi uns patins pra você
Eu vi um Brasil na tevê
Capaz de cair um toró
Estou me sentindo tão só
Oh, tenha dó de mim
Pintou uma chance legal
Um lance lá na capital
Nem tem que ter ginasial
Meu amor

No Tabariz
O som é que nem os Bee Gees
Dancei com uma dona infeliz
Que tem um tufão nos quadris
Tem um japonês trás de mim
Eu vou dar um pulo em Manaus
Aqui tá quarenta e dois graus
O sol nunca mais vai se pôr
Eu tenho saudades da nossa canção
Saudades de roça e sertão
Bom mesmo é ter um caminhão
Meu amor

Baby, bye bye
Abraços na mãe e no pai
Eu acho que vou desligar
As fichas já vão terminar
Eu vou me mandar de trenó
Pra rua do Sol, Maceió
Peguei uma doença em Ilhéus
Mas já tô quase bom
Em março vou pro Ceará
Com a benção do meu orixá
Eu acho bauxita por lá
Meu amor

Bye bye, Brasil
A última ficha caiu
Eu penso em vocês night and day
Explica que tá tudo okay
Eu só ando dentro da lei
Eu quero voltar, podes crer
Eu vi um Brasil na tevê
Peguei uma doença em Belém
Agora já tá tudo bem
Mas a ligação tá no fim
Tem um japonês trás de mim
Aquela aquarela mudou
Na estrada peguei uma cor

Capaz de cair um toró
Estou me sentindo um jiló
Eu tenho tesão é no mar
Assim que o inverno passar
Bateu uma saudade de ti
Tô a fim de encarar um siri
Com a bênção de Nosso Senhor
O sol nunca mais vai se pôr

O filme mostra a viagem de uma trupe mambembe em busca de trabalho onde a televisão não houvesse chegado, o que era cada vez mais difícil.

O diretor Cacá Diegues encomendou a trilha sonora para Roberto Menescal e sugeriu que Chico fosse o letrista. A letra só ficou pronta no dia da gravação – e era tão comprida que o diretor cortou boa parte, além de fazer alguns pedidos aos quais o autor aquiesceu: colocou Maceió, cidade de Cacá Diegues, na letra, citando a rua do Sol, e fez com que o personagem pegasse uma doença em outro local que não a capital de Alagoas. Pediu também que se mudasse o verso "tem um japonês trás de mim", temendo que se visse nisso uma referência ao ministro Shigeaki Ueki, das Minas e Energia. Sem negar ou confirmar a alusão, neste caso, Chico não cedeu.

Se a autoria de "A Rosa" foi atribuída a Djavan, "Bye bye, Brasil" seria considerada como sendo só de Chico, até mesmo entre pessoas próximas a Menescal. Os jornalistas Zuza Homem de Mello e Jairo Severiano contam que o músico tocava violão numa reunião de amigos quando uma garota lhe pediu para tocar aquela música do Chico Buarque, "Bye bye, Brasil".

Luisa (1979)

Francis Hime-Chico Buarque

Por ela é que eu faço bonito
Por ela é que eu faço o palhaço
Por ela é que eu saio do tom
E me esqueço no tempo e no espaço
Quase levito
Faço sonhos de crepom

E quando ela está nos meus braços
As tristezas parecem banais
O meu coração aos pedaços
Se remenda prum número a mais

Por ela é que o show continua
Eu faço careta e trapaça
É pra ela que eu faço cartaz
É por ela que espanto de casa
As sombras da rua
Faço a lua
Faço a brisa
Pra Luisa dormir em paz

Neste caso, o título da canção não corresponde a uma pessoa, mas a duas, já que tanto Chico como Francis têm uma filha com esse nome. Marieta lembra que foi ao cinema com Olívia Hime, e os maridos ficaram em casa encarregados de cuidar da Luisa, filha de Francis. Quando as esposas voltaram, a menina chorava no quarto, sem entender a alegria dos pais, que acabavam de homenageá-la com a canção "Luisa".

Bastidores (1979)

Chico Buarque

Chorei, chorei
Até ficar com dó de mim
E me tranquei no camarim
Tomei o calmante, o excitante
E um bocado de gim

Amaldiçoei
O dia em que te conheci
Com muitos brilhos me vesti
Depois me pintei, me pintei
Me pintei, me pintei

Cantei, cantei
Como é cruel cantar assim
E num instante de ilusão
Te vi pelo salão
A caçoar de mim

Não me troquei
Voltei correndo ao nosso lar
Voltei pra me certificar
Que tu nunca mais vais voltar
Vais voltar, vais voltar

Cantei, cantei
Nem sei como eu cantava assim
Só sei que todo o cabaré
Me aplaudiu de pé
Quando cheguei ao fim

Mas não bisei
Voltei correndo ao nosso lar
Voltei pra me certificar
Que tu nunca mais vais voltar
Vais voltar, vais voltar

Cantei, cantei
Jamais cantei tão lindo assim
E os homens lá pedindo bis
Bêbados e febris
A se rasgar por mim

Chorei, chorei
Até ficar com dó de mim

O jornalista Tarso de Castro estava produzindo o novo disco de Cauby Peixoto e pediu uma música para Chico. O autor, que não tinha composição nova, ofereceu "Bastidores", advertindo, porém, que já havia sido gravada por sua irmã. Sabe-se lá por que razão o disco de Cauby saiu antes, atropelando o de Cristina. O velho cantor, numa interpretação primorosa, encarnou a música, que, afinal, fez com que ele voltasse a frequentar as paradas de sucesso – e a maninha ficou sozinha, nos bastidores da canção feita para ela.

1980

**Ah, se já perdemos a noção da hora,
se juntos já jogamos tudo fora,
me conta agora como hei de partir**

O ano de 1980 foi marcado pela reorganização partidária. Os aliados do regime militar fundam o PDS (Partido Democrático Social); o MDB transforma-se em PMDB (Partido do Movimento Democrático Brasileiro); e surgem outros partidos, como o PDT (Partido Democrático Trabalhista), de Leonel Brizola, e o PT (Partido do Trabalhadores), oriundo do movimento sindical de São Bernardo do Campo capitaneado por Lula e que abrigava amplos setores da intelectualidade, entre os quais figuravam o pai e a mãe de Chico. Embora nunca tenha se filiado, o compositor sempre apoiou Lula nas eleições.

Apesar de os ventos apontarem a retomada do estado de direito, o arbítrio ainda grassava livremente, e em 19 de abril, Lula é preso com mais catorze pessoas, com base na Lei de Segurança Nacional. Permanecem detidos até 20 de maio.

Temendo o crescimento da oposição, o governo, através da emenda constitucional de 4 de setembro de 1980, procurou manter o controle da transição, prorrogando por dois anos os mandatos de vereadores e prefeitos. Em 13 de novembro de 1980, foi restabelecida a eleição direta para governadores, no pleito de 1982, e extinguiram-se os cargos de senadores "biônicos", mantendo-se porém os mandatos em curso.

A inflação, que no ano anterior fora de 94,7%, atingia 110% no final de 1980.

Em 9 de julho de 1980, Chico perde o amigo, parceiro e compadre Vinicius de Moraes.

É desse ano o primeiro documentário sobre sua vida: *Certas palavras*, de Maurício Beiru, com participação de Caetano Veloso, Maria Bethânia, Vinicius de Moraes, Toquinho, Francis Hime, Ruy Guerra, Miúcha e Sérgio Buarque de Holanda, e onde se podem ver até cenas gravadas pelo próprio Chico, numa de suas aventuras pelo cinema.

Chico, de modo estiloso,
acendendo um cigarro.

E se (1980)

Francis Hime-Chico Buarque

E se o oceano incendiar
E se cair neve no sertão
E se o urubu cocorocar
E se o Botafogo for campeão
E se o meu dinheiro não faltar
E se o delegado for gentil
E se tiver bife no jantar
E se o carnaval cair em abril
E se o telefone funcionar
E se o Pantanal virar pirão
E se o Pão de Açúcar desmanchar
E se tiver sopa pro peão
E se o oceano incendiar
E se o Arapiraca for campeão
E se à meia-noite o sol raiar
E se o meu país for um jardim
E se eu convidá-la pra dançar
E se ela ficar assim, assim
E se eu lhe entregar meu coração
E meu coração for um quindim
E se o meu amor gostar então
De mim

A canção foi gravada por Francis Hime em seu disco *Clareando*, de 1985. Não se sabe se a brincadeira mexeu com os brios dos times de futebol que andavam mal das pernas, mas o fato é que em 1989 o Botafogo venceu o campeonato carioca, e em 1995, o brasileiro. Já o Arapiraca demorou um pouco mais para reagir, mas em 2000, após um jejum de 47 anos, sagrou-se campeão alagoano.

Linha de montagem (1980)

Novelli-Chico Buarque

Linha linha de montagem
A cor a coragem
Cora coração
Abecê abecedário
Ópera operário
Pé no pé no chão

Eu não sei bem o que seja
Mas sei que seja o que será
O que será que será que se veja
Vai passar por lá

Pensa pensa pensamento
Tem sustém sustento
Fé café com pão
Com pão com pão companheiro
Para paradeiro
Mão irmão irmão

Na mão, o ferro, a ferragem
O elo, a montagem do motor
E a gente dessa engrenagente
Dessa engrenagente
Dessa engrenagente
Dessa engrenagente sai maior

As cabeças levantadas
Máquinas paradas
Dia de pescar
Pois quem toca o trem pra frente
Também de repente
Pode o trem parar

Eu não sei bem o que seja
Mas sei que seja o que será

O que será que será que se veja
Vai passar por lá

Gente que conhece a prensa
A brasa da fornalha
O guincho do esmeril
Gente que carrega a tralha
Ai, essa tralha imensa
Chamada Brasil

Sambe sambe São Bernardo
Sanca São Caetano
Santa Santo André
Dia a dia Diadema
Quando for, me chame
Pra tomar um mé

O Sindicato dos Metalúrgicos do ABC programara dois shows, um para o dia 20 e outro para 27 de abril de 1980, quando a canção seria apresentada. Entretanto, mesmo com mais de 100 mil ingressos vendidos, o show foi proibido. A música foi incluída num compacto duplo, e a receita das vendas, revertida para o Fundo de Greve. Avesso a palácios, mesmo tendo sido convidado em 2003 para a posse de Lula, Chico não foi a Brasília tomar o "mé".

Morena de Angola (1980)

Chico Buarque

Morena de Angola que leva o chocalho amarrado na canela
Será que ela mexe o chocalho ou o chocalho é que mexe com ela
Morena de Angola que leva o chocalho amarrado na canela
Será que ela mexe o chocalho ou o chocalho é que mexe com ela

Será que a morena cochila escutando o cochicho do chocalho
Será que desperta gingando e já sai chocalhando pro trabalho

Morena de Angola que leva o chocalho amarrado na canela
Será que ela mexe o chocalho ou o chocalho é que mexe com ela
Será que ela tá na cozinha guisando a galinha à cabidela
Será que esqueceu da galinha e ficou batucando na panela

Será que no meio da mata, na moita, a morena inda chocalha
Será que ela não fica afoita pra dançar na chama da batalha

Morena de Angola que leva o chocalho amarrado na canela
Passando pelo regimento ela faz requebrar a sentinela

Morena de Angola que leva o chocalho amarrado na canela
Será que ela mexe o chocalho ou o chocalho é que mexe com ela
Morena de Angola que leva o chocalho amarrado na canela
Será que ela mexe o chocalho ou o chocalho é que mexe com ela

Será que quando vai pra cama a morena se esquece dos choca-
lhos
Será que namora fazendo bochincho com seus penduricalhos

Morena de Angola que leva o chocalho amarrado na canela
Será que ela mexe o chocalho ou o chocalho é que mexe com ela
Será que ela tá caprichando no peixe que eu trouxe de Benguela
Será que tá no remelexo e abandonou meu peixe na tigela

Será que quando fica choca põe de quarentena o seu chocalho
Será que depois ela bota a canela no nicho do pirralho

Morena de Angola que leva o chocalho amarrado na canela
Eu acho que deixei um cacho do meu coração na Catumbela

Morena de Angola que leva o chocalho amarrado na canela
Morena, bichinha danada, minha camarada do MPLA

A música resultou do projeto Kalunga, viagem em que Chico levou para Angola vários artistas brasileiros – entre eles, Dorival Caymmi, Elba Ramalho, Djavan, Martinho da Vila, Edu Lobo, Francis Hime, Dona Ivone Lara e João do Vale – para comemorar os cinco anos da libertação daquele país. O curioso é que ele tenha feito a canção sem ter ido a Catumbela (citada na letra), mas apenas baseado na descrição que seus colegas fizeram do espetáculo de dança que viram naquela localidade.

Eu te amo (1980)

Tom Jobim-Chico Buarque

Ah, se já perdemos a noção da hora
Se juntos já jogamos tudo fora
Me conta agora como hei de partir

Se, ao te conhecer, dei pra sonhar, fiz tantos desvarios
Rompi com o mundo, queimei meus navios
Me diz pra onde é que inda posso ir

Se nós, nas travessuras das noites eternas
Já confundimos tanto as nossas pernas
Diz com que pernas eu devo seguir

Se entornaste a nossa sorte pelo chão
Se na bagunça do teu coração
Meu sangue errou de veia e se perdeu

Como, se na desordem do armário embutido
Meu paletó enlaça o teu vestido
E o meu sapato inda pisa no teu

Como, se nos amamos feito dois pagãos
Teus seios inda estão nas minhas mãos
Me explica com que cara eu vou sair

Não, acho que estás te fazendo de tonta
Te dei meus olhos pra tomares conta
Agora conta como hei de partir

O artista gráfico Elifas Andreato relembrou, durante uma entrevista com Chico, que estavam ambos a caminho de uma partida de futebol, quando o compositor parou o carro, arranjou um telefone e ligou para seu pai, perguntando quem havia queimado os navios para não poder voltar atrás. Tratava-se do conquistador do Peru, Francisco Pizarro, que, para evitar que seus soldados fugissem, ateou fogo às embarcações. Embora não se lembrando do episódio, Chico admite que é "crível", porque "Se estou com uma ideia que me parece boa, fico assim mesmo, meio irrequieto. O Drummond dizia que, quando começava a escrever um poema, sentia um pouco de febre".

A voz do dono e o dono da voz.

1981

O que é bom para o dono é bom para a voz

Lenta e gradualmente, não só os partidos políticos se organizavam, mas também os trabalhadores experimentavam significativo avanço com a 1ª Conferência das Classes Trabalhistas em São Paulo, na Praia Grande, onde se formou a comissão pró CUT (Central Única dos Trabalhadores), fundada dois anos depois.

Boa parte dos artistas apoiava esse movimento, sobretudo com shows que arrecadavam fundos. Em 30 de abril, no estacionamento do Rio Centro, onde acontecia um espetáculo com artistas da música brasileira, uma bomba explodiu, antes da hora, no colo de um militar – dentro de seu próprio carro. Eram setores radicais de direita tentando desestabilizar o processo de redemocratização. Chico, que fizera apenas o roteiro do show, não estava lá na hora da explosão, mas, tão logo soube do acontecido, foi levar sua solidariedade aos artistas, que só souberam do fato muito depois. A imprensa, que ignorara solenemente o evento artístico, viu-se obrigada a ocupar-se do atentado nos dias seguintes. As investigações policiais não conduziram a nada além da demissão do general Golbery, chefe da Casa Civil do governo Geisel, que pedia mais rigor nas investigações.

Mesmo com toda bomba, Chico ia tocando seu trabalho. Publicou o poema (escrito em 1964) *A bordo do Rui Barbosa*, com ilustrações de Valandro Keating; lançou o LP *Almanaque*, com um belíssimo projeto gráfico de Elifas Andreato e textos do próprio Chico; participou com novas canções da adaptação para cinema dos *Saltimbancos*, com os Trapalhões; e iniciou sua parceria com Edu Lobo.

Meu caro Barão (1981)

Enríquez-Bardotti – versão de Chico Buarque

Para o filme *Os saltimbancos trapalhões*, de J. B. Tanko

Onde quer que esteja
Meu caro Barão
São Brás o proteja
O santo dos ladrão
Tava na faxina
Do seu caminhão
Vi essa maquina
De escrever no chão
Escovei a nega
Lavei com sabão
Deu uma cocega
Nos calo da mão

Pronto
Ponto
Tracinho, tração
Linha
Margem
Meu caro Ba...

Vire a pagina
Continuação
Ai, essa maquina
Tá que tá que é bão
Como eu lhe dizia
Meu caro Barão
A sua ausencia
É uma sensação
O circo lotado
Cidade e sertão
Domingo, sabado
Inverno e verão
Pronto
Ponto

De exclamação
Linha
Margem
Meu caro Barão

Tem gargalhada
Tem sim senhor
Tem muita estrada
Tem muita dor
Venha, Excelência
Nos visitar
Estamos sempre
Noutro lugar

Dizem que virgula
Aspas, travessão
Coisa ridicula
Dizem que o Barão
Que o Barão, meu caro
Tinha a faca, o pão
O queijo e os passaros
Voando e na mão
Pois eu tenho ouvido
Que o pobretão
Tá magro, palido
Sem ocupação
Pronto
Ponto
De interrogação
Linha
Margem
Meu caro Barão

Venha, Excelência
Nos visitar
A casa é sempre
De quem chegar
Se a Senhoria
Vem pra ficar

```
Basta algum dia
Se preparar

Pra rodar com a gente
Pra fazer serão
Pra ficar contente
Comer macarrão
Pra pregar sarrafo
Pra lavar leão
Pra datilografo
Bilheteiro, não
Pra fazer faxina
Nesse caminhão
Cuidar da maquina
E não ser mais Barão
Linha
Margem
Etcétera e tal
Pronto
Ponto
E ponto final
```

No filme, os Trapalhões acham uma máquina de datilografia e decidem mandar uma carta ao Barão, dono do circo em que trabalham, que fugira com o dinheiro. Para mostrar as dificuldades que eles tinham com a língua e com o teclado, Chico tira o acento de várias palavras e faz com que rimem com outras (faxina com maquina, dizia com ausencia, lotado com sabado, virgula com ridicula, ouvido com palido, etc.). Além disso comete, propositalmente, erros de concordância em frases como "o santo dos ladrão" e "Deu uma cocega/ Nos calo da mão". Os arranjos musicais incluem os sons da máquina utilizada pelos Trapalhões. Em 1989, quando eu preparava as letras para o livro *Chico Buarque letra e música*, Chico me ligou pedindo que abrisse na página que continha "Meu caro Barão". Para nossa surpresa, os textos eram diferentes. Antes de enviar o material para o autor, a editora fazia uma revisão e, num excesso de zelo, corrigiu os "erros" ortográficos e gramaticais de Chico Buarque.

A voz do dono e o dono da voz (1981)

Chico Buarque

Até quem sabe a voz do dono
Gostava do dono da voz
Casal igual a nós, de entrega e de abandono
De guerra e paz, contras e prós

Fizeram bodas de acetato — de fato
Assim como os nossos avós
O dono prensa a voz, a voz resulta um prato
Que gira para todos nós

O dono andava com outras doses
A voz era de um dono só
Deus deu ao dono os dentes, Deus deu ao dono as nozes
Às vozes Deus só deu seu dó

Porém a voz ficou cansada após
Cem anos fazendo a santa
Sonhou se desatar de tantos nós
Nas cordas de outra garganta
A louca escorregava nos lençóis
Chegou a sonhar amantes
E, rouca, regalar os seus bemóis
Em troca de alguns brilhantes

Enfim, a voz firmou contrato
E foi morar com novo algoz
Queria se prensar, queria ser um prato
Girar e se esquecer, veloz

Foi revelada na assembleia — ateia
Aquela situação atroz
A voz foi infiel trocando de traqueia
E o dono foi perdendo a voz

E o dono foi perdendo a linha — que tinha
E foi perdendo a luz e além

E disse: Minha voz, se vós não sereis minha
Vós não sereis de mais ninguém

(O que é bom para o dono é bom para a voz)

As relações de Chico com a Phonogram azedaram após o episódio da *Phono 73*, quando a gravadora impediu que ele e Gil tocassem "Cálice", ainda que sem a letra. Durante as gravações de seu novo álbum, *Almanaque* (1981), ele ficou sabendo que o selo Ariola, pelo qual o disco seria lançado, fora comprado por ninguém menos que a Phonogram. "A voz do dono e o dono da voz" foi sua resposta irada e irônica para a situação.

O dono da voz também é dono de um enorme cuidado no uso da língua portuguesa. Como responsável pelo *site* de Chico Buarque, recebi em 1998 um *e-mail* em que o remetente, apresentando-se como professor, questionava se o correto não seria "se vós não fordes minha" em vez de "se vós não sereis minha". Era final de 1998, e Chico iniciava os ensaios para o show *As cidades*, quando lhe falei sobre o assunto. Ele deu uma ou duas explicações que não me convenceram muito, e eu brinquei, dizendo que responderia ao professor que o dono, além de arrogante, era ignorante.

Mais de seis meses depois, quando a temporada de shows havia terminado, Chico me ligou diversas vezes, mas sempre nos desencontramos. Cheguei a imaginar que o motivo da insistência pudesse ser algo no *site* que lhe desagradara. Finalmente ele deixou um recado mais extenso na secretária eletrônica: "Sobre aquele negócio da 'Voz do dono e o dono da voz', ouça aqui" e leu uma informação do *Dicionário Caldas Aulete*, para concluir: 'Portanto, eu estava certo!'". A história deve ter ficado em algum lugar prioritário de sua memória, esperando acabar a turnê, e resolver essa questão seguramente foi uma das primeiras coisas que ele fez depois de descansar um pouquinho.

Antes de incluir o fato no seu livro *Tantas palavras*, o jornalista Humberto Werneck decidiu checá-lo com Chico:

O autor de "A voz do dono e o dono da voz" também se lembra do episódio, mas diz que o dicionário apenas corroborou a explica-

ção que deu ao Kxorrão já no primeiro momento, e que este julgou inconvincente. "Eu dizia que o 'se', no caso, não era condicional, mas uma constatação desesperançada, equivalente a um 'já que', ou seja: se você não será minha, não será de mais ninguém." E acrescenta: "Mas não faz mal, a versão do Kxorrão é melhor do que a minha".

A expressão "o dono da voz" apareceu pela primeira vez nessa canção e rapidamente foi incorporada ao vocabulário da língua portuguesa. Era uma brincadeira de Chico com o lema "The master's voice" (A voz do dono), da gravadora RCA Victor, que exibia um cachorrinho observando atentamente um gramofone. Há também aí uma paráfrase de "O que é bom para os Estados Unidos é bom para o Brasil", pérola cunhada por Juracy Magalhães, ministro das Relações Exteriores entre 1965 e 1967, que refletia o alinhamento automático do governo militar com os interesses norte-americanos.

Moto-contínuo (1981)

Edu Lobo-Chico Buarque

Um homem pode ir ao fundo do fundo do fundo se
for por você
Um homem pode tapar os buracos do mundo se for
por você
Pode inventar qualquer mundo, como um vagabundo,
se for por você
Basta sonhar com você
Juntar o suco dos sonhos e encher um açude se for
por você
A fonte da juventude correndo nas bicas se for
por você
Bocas passando saúde com beijos nas bocas se for
por você
Homem também pode amar e abraçar e afagar seu
ofício porque
Vai habitar o edifício que faz pra você

E no aconchego da pele na pele, da carne na carne, entender
Que homem foi feito direito, do jeito que é feito o prazer
Homem constrói sete usinas usando a energia que vem de você
Homem conduz a alegria que sai das turbinas de volta a você
E cria o moto-contínuo da noite pro dia se for por você
E quando um homem já está de partida, da curva da vida ele vê
Que o seu caminho não foi um caminho sozinho porque
Sabe que um homem vai fundo e vai fundo e vai fundo se for por você

Edu Lobo e Chico se conheciam desde os tempos dos festivais, mas nunca foram muito próximos. Um pouco devido ao temperamento recatado de ambos. Outro tanto creditado à situação de competição que os festivais criavam. A aproximação se deu quando Edu fez os arranjos para *Chico canta Calabar* (1973). Desde então vinham adiando a parceria, até que Chico fez a letra para esta composição. A dupla produziu até hoje mais de quarenta canções, entre as quais muitas obras-primas da música brasileira.

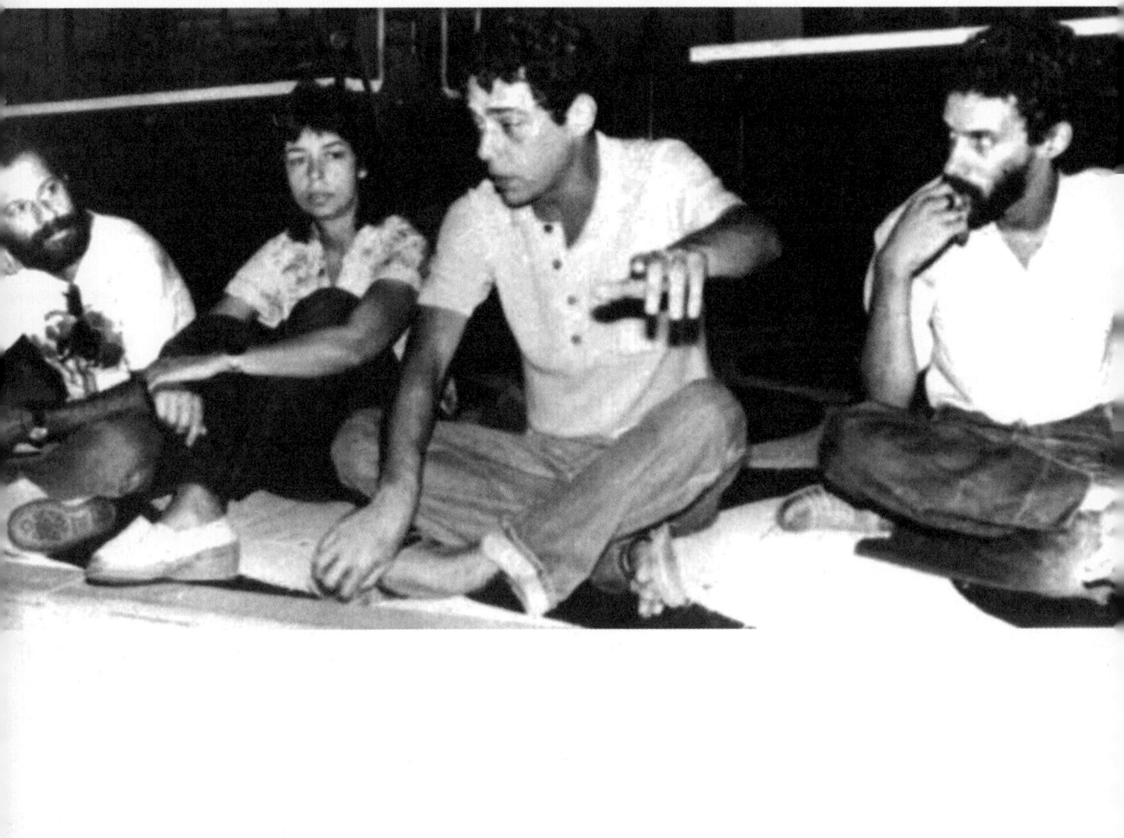

João Bosco, Nara Leão, Chico Buarque e Gonzaguinha, durante entrevista sobre o show *Canta Brasil*.

1982

**Me ensina a não andar com os pés no chão.
Para sempre é sempre por um triz**

Com o país caminhando, ainda que devagar, para a democratização, Chico continuava a atuar politicamente, porém de forma discreta, dedicando-se cada vez mais a aprimorar sua criação musical – agora sem tanta preocupação com censura e com política.

Em 24 de abril, o Brasil perde Sérgio Buarque de Holanda, que legou ao país, além dos clássicos *Raízes do Brasil* e *Visão do paraíso*, um dos maiores compositores da música popular brasileira. Quando Chico nasceu, seu pai tinha 42 anos, e a aproximação entre eles demorou para acontecer. Tempos depois, o filho diria, em entrevista:

> *Não via o meu pai, eu ouvia o meu pai, o barulho da máquina de escrever. Como sempre fui uma criança barulhenta, não era bem-vindo em seu escritório. Ao começar a escrever algumas crônicas para o jornalzinho da escola, passei a frequentar o lugar para mostrar-lhe meus textos, e ele passou a me aconselhar, a indicar livros...*

Após quase vinte anos, a população pôde escolher diretamente os governadores numa eleição em que as oposições venceram nos principais estados.

Edu Lobo, que já havia composto as canções de *Jogos de dança* para o Balé Guaíra, de Curitiba, foi convidado por Naum Alves de Souza para fazer as músicas de um novo espetáculo baseado no poema de Jorge de Lima "O grande circo místico", da obra *Túnica inconsútil* (1938). Sugeriu que se fizesse um musical e convidou Chico para fazer as letras. Surgiu assim um dos balés mais populares do Brasil, cujo disco seria lançado no ano seguinte.

A história de Lily Braun (1982)

Edu Lobo-Chico Buarque

Para o balé *O grande circo místico*

Como num romance
O homem dos meus sonhos
Me apareceu no dancing
Era mais um
Só que num relance
Os seus olhos me chuparam
Feito um zoom

Ele me comia
Com aqueles olhos
De comer fotografia
Eu disse cheese
E de close em close
Fui perdendo a pose
E até sorri, feliz

E voltou
Me ofereceu um drinque
Me chamou de anjo azul
Minha visão
Foi desde então ficando flou

Como no cinema
Me mandava às vezes
Uma rosa e um poema
Foco de luz
Eu, feito uma gema
Me desmilinguindo toda
Ao som do blues

Abusou do scotch
Disse que meu corpo
Era só dele aquela noite
Eu disse please

Xale no decote
Disparei com as faces
Rubras e febris

E voltou
No derradeiro show
Com dez poemas e um buquê
Eu disse adeus
Já vou com os meus
Numa turnê

Como amar esposa
Disse ele que agora
Só me amava como esposa
Não como star
Me amassou as rosas
Me queimou as fotos
Me beijou no altar

Nunca mais romance
Nunca mais cinema
Nunca mais drinque no dancing
Nunca mais cheese
Nunca uma espelunca
Uma rosa nunca
Nunca mais feliz

No DVD *Bastidores*, Edu Lobo conta que toda a história de Lily Braun foi criada por Chico, já que no poema de Jorge de Lima ela é citada em apenas dois versos, sem nenhuma indicação adicional.

Beatriz (1982)

Edu Lobo-Chico Buarque

Para o balé *O grande circo místico*

Olha
Será que ela é moça
Será que ela é triste
Será que é o contrário
Será que é pintura
O rosto da atriz
Se ela dança no sétimo céu
Se ela acredita que é outro país
E se ela só decora o seu papel
E se eu pudesse entrar na sua vida

Olha
Será que é de louça
Será que é de éter
Será que é loucura
Será que é cenário
A casa da atriz
Se ela mora num arranha-céu
E se as paredes são feitas de giz
E se ela chora num quarto de hotel
E se eu pudesse entrar na sua vida

Sim, me leva para sempre, Beatriz
Me ensina a não andar com os pés no chão
Para sempre é sempre por um triz
Ai, diz quantos desastres tem na minha mão
Diz se é perigoso a gente ser feliz

Olha
Será que é uma estrela
Será que é mentira
Será que é comédia
Será que é divina
A vida da atriz

```
Se ela um dia despencar do céu
E se os pagantes exigirem bis
E se um arcanjo passar o chapéu
E se eu pudesse entrar na sua vida
```

Edu Lobo revela que estavam ambos em sua casa quando sugeriu a Chico algumas ideias para o que seria a canção "Na carreira":

> *uma canção que fechasse o espetáculo, que era um negócio assim do público com os artistas... aquela coisa que o público tem... será que não sei o quê, será que... coisas maldosas no meio ... será que aquela moça, será que aquele cara... será que...*

Imediatamente Chico se levantou, dizendo que iria para casa fazer a letra da valsa, que estava encalacrada. Pegando o mote do "será que", terminou a letra de uma das mais belas canções da música popular brasileira. No poema de Jorge de Lima, a personagem chamava-se Agnes e era equilibrista. Apesar de achar esse nome bonito, a letra não saía. Chico decidiu trocar o nome e a profissão, e, passados alguns dias, surgiu "Beatriz", uma homenagem à musa de Dante Alighieri.

Anos depois, Edu se surpreendeu ao perceber que a palavra "chão" correspondia à nota mais grave e "céu" à mais aguda.

Mais uma vez Milton Nascimento se impôs, dizendo que a canção seria sua. E, de fato, a sua gravação é definitiva.

Chico, com sua voz
e seu violão.

1983

Quando eu choro de rir, te perdoo por te trair

Com o clima mais desanuviado, Chico podia se dedicar ao que sempre quis: fazer música, e cada vez melhor. Apresenta-se no Canecão com Pablo Milanés, e em seguida no Espace Balard, na França, onde é condecorado com a Comenda de Cavaleiro das Artes e das Letras pelo ministro da Cultura, Jack Lang.

Nesse ano são lançados dois LPs: *O grande circo místico* e *Para viver um grande amor*, este último com canções para o filme de Miguel Faria Jr. inspirado no musical *Pobre menina rica*, de Carlos Lyra e Vinicius de Moraes.

A história narra as aventuras de uma comunidade de mendigos no Rio de Janeiro e o amor de um deles, o poeta cantor (Djavan), por uma menina rica (Patrícia Pillar). Na adaptação, a história foi projetada para um momento futuro utópico em que começam a desaparecer as diferenças de classe. Em pânico, as famílias ricas deixam suas casas, fugindo para o estrangeiro. Vindo de todos os lugares, por todas as ladeiras, morros e favelas, o povo se espalha enfim por sua cidade e aos poucos começa a construir uma nova realidade. Além das canções, Chico participou da adaptação e do roteiro.

Imagina (1983)

Tom Jobim-Chico Buarque

Para o filme *Para viver um grande amor*, de Miguel Faria Jr.

Imagina
Imagina
Hoje à noite
A gente se perder
Imagina
Imagina
Hoje à noite
A lua se apagar
Quem já viu a lua cris?
Quando a lua começa a murchar
Lua cris
É preciso gritar e correr
Socorrer o luar
Meu amor
Abre a porta pra a noite passar
E olha o sol da manhã
Olha a chuva
Olha a chuva, olha o sol
Olha o dia a lançar serpentinas
Serpentinas pelo céu
Sete fitas
Coloridas
Sete vias
Sete vidas
Avenidas pra qualquer lugar
Imagina
Imagina

Sabe que o menino que passar debaixo do arco-íris
   vira moça, vira
A menina que cruzar de volta o arco-íris rapidinho
   volta a ser rapaz
A menina que passou no arco era
O menino que passou no arco

E vai virar menina
Imagina
Imagina
Imagina

Tom Jobim havia composto a valsa por volta de 1947. Resultado de um exercício das aulas de piano, ela ficou engavetada muito tempo, porque o maestro dizia que era tão difícil que não podia ter letra. Foi o suficiente para atiçar Chico – que trabalhava na trilha sonora do filme – a topar o desafio. Ele mandou o resultado para Tom, que estava em Nova York, e recebeu de volta um telegrama com duplo sentido: "It's very exquisite", que em inglês significa "primoroso", mas em português tem a conotação de "estranho".

O estranho começava com a expressão "cris". Tom teve que recorrer ao dicionário para saber que se trata de uma corruptela de eclipse. Diz a lenda que em noite de eclipse lunar é necessário fazer barulho para espantar o monstro, do contrário ele engole a Lua.

No filme, "Imagina" é cantada por Vinicius (Djavan) e Marina (Patrícia Pillar). Muitos anos depois, em 2006, Chico a incluiu no seu disco *Carioca*, em dueto com Mônica Salmaso.

Tantas palavras (1983)

Dominguinhos-Chico Buarque

Tantas palavras
Que eu conhecia
Só por ouvir falar, falar
Tantas palavras
Que ela gostava
E repetia
Só por gostar

Não tinham tradução
Mas combinavam bem
Toda sessão ela virava uma atriz
"Give me a kiss, darling"

"Play it again"
Trocamos confissões, sons
No cinema, dublando as paixões
Movendo as bocas
Com palavras ocas
Ou fora de si
Minha boca
Sem que eu compreendesse
Falou c'est fini
C'est fini

Tantas palavras
Que eu conhecia
E já não falo mais, jamais
Quantas palavras
Que ela adorava
Saíram de cartaz

Nós aprendemos
Palavras duras
Como dizer perdi, perdi
Palavras tontas
Nossas palavras
Quem falou não está mais aqui

Quando Roberto Carlos pediu uma música para seu disco, Chico lembrou-se da canção, que estava, junto com outras, numa fita cassete que lhe fora enviada por Dominguinhos alguns anos antes. Começou a escrever a letra e solicitou ajuda ao músico pernambucano – que já não se lembrava da fita e muito menos daquela melodia, quando se encontraram para terminar o trabalho. Tempos depois, Roberto Carlos liga para Chico, agradecendo, mas dizendo que não a gravara. A canção foi incluída na trilha sonora da novela *Sabor de mel*, e Chico a gravou no seu LP de 1984, com algumas alterações. Roberto Carlos só viria a interpretar Chico Buarque no especial de fim de ano da TV Globo de 1993, quando cantou um trecho de "Carolina" e, em dueto com o autor, "O que será (À flor da pele)".

Um tempo que passou (1983)

Sergio Godinho-Chico Buarque

Vou
Uma vez mais
Correr atrás
De todo o meu tempo perdido
Quem sabe, está guardado
Num relógio escondido por quem
Nem avalia o tempo que tem

Ou
Alguém o achou
Examinou
Julgou um tempo sem sentido
Quem sabe, foi usado
E está arrependido o ladrão
Que andou vivendo com o meu quinhão
Ou dorme num arquivo
Um pedaço de vida, vida
A vida que eu não gozei
Eu não respirei
Eu não existia
Mas eu estava vivo
Vivo, vivo
O tempo escorreu
O tempo era meu
E apenas queria
Haver de volta
Cada minuto que passou sem mim

Sim
Encontro enfim
Iguais a mim
Outras pessoas aturdidas
Descubro que são muitas
As horas dessas vidas que estão
Talvez postas em grande leilão

São
Mais de um milhão
Uma legião
Um carrilhão de horas vivas
Quem sabe, dobram juntas
As dores coletivas, quiçá
No canto mais pungente que há

Ou dançam numa torre
As nossas sobrevidas
Vidas, vidas
A se encantar
A se combinar
Em vidas futuras

E vão tomando porres
Porres, porres
Morrem de rir
Mas morrem de rir
Naquelas alturas
Pois sabem que não volta jamais
Um tempo que passou

A canção foi cantada por Sérgio Godinho em seu álbum *Coincidências* (1983), e até hoje não foi gravada no Brasil.

Mil perdões (1983)

Chico Buarque

Para o filme *Perdoa-me por me traíres*, de Braz Chediak

Te perdoo
Por fazeres mil perguntas
Que em vidas que andam juntas
Ninguém faz
Te perdoo
Por pedires perdão
Por me amares demais

Te perdoo
Te perdoo por ligares
Pra todos os lugares
De onde eu vim
Te perdoo
Por ergueres a mão
Por bateres em mim

Te perdoo
Quando anseio pelo instante de sair
E rodar exuberante
E me perder de ti
Te perdoo
Por quereres me ver
Aprendendo a mentir (te mentir, te mentir)

Te perdoo
Por contares minhas horas
Nas minhas demoras por aí
Te perdoo
Te perdoo porque choras
Quando eu choro de rir
Te perdoo
Por te trair

Chico já havia sido convidado para fazer músicas para peças ou filmes de Nelson Rodrigues antes de 1980, quando ele ainda era vivo. Porém declinou todas as vezes, porque o irado e provocador cronista, embora poupasse o autor de "A banda", era impiedoso com muitos de seus amigos e com pessoas e ideias com as quais Chico simpatizava. Incomodado com a pouco honrosa exceção, chegou a declarar em entrevista que seria preferível que o escritor não o elogiasse. A atitude valeu-lhe a inclusão, esta sim honrosa, na lista dos criticados. O cronista reagiu em sua coluna bem ao seu estilo: "A revista foi perversa, pois intimou Chico a ser profundo. E ela sabia que a profundeza do entrevistado é dessas que uma formiguinha atravessa a pé, com água pelas canelas". O teatrólogo, que dedicava boa parte de sua coluna do jornal *O Globo* para defender a ditadura e atacar seus opositores, fora vítima do próprio veneno. O seu filho Nelson passou sete anos preso (de 29-3-1972 a 16-10-1979) por pertencer ao MR8 (Movimento Revolucionário 8 de Outubro), e só não morreu graças às ações do pai junto às autoridades que ele tanto elogiava. Depois de sair da prisão, Nelson Rodrigues Filho virou frequentador das partidas de futebol no Recreio dos Bandeirantes, sede do Polytheama, time do Chico, e conseguiu que este fizesse, enfim, uma música para a adaptação cinematográfica da peça *Perdoa-me por me traíres.*

Vendo o filme com Vera Fischer no papel principal, Chico decidiu inverter a frase, e nasceu a canção “Mil perdões”, onde a personagem diz “te perdoo por te trair”.

Chico num evento político
pelo reatamento das relações
diplomáticas com Cuba.

1984

**Nossa pátria-mãe tão distraída,
sem perceber que era subtraída
em tenebrosas transações**

Com os governadores eleitos pelo pleito direto em 1982, no início do ano o movimento Diretas Já ganha as ruas, transformando-se na maior manifestação popular da história recente do país. Centenas de comícios nas principais cidades levaram às praças milhões de pessoas em apoio à emenda constitucional que propunha o restabelecimento de eleições diretas para presidente da República. Chico, ao lado de muitos outros artistas, participa de vários comícios. A euforia durou até 25 de abril, quando o Congresso rejeitou a emenda. Com a adesão de alguns nomes que até então se alinhavam com o governo, as oposições se unem em torno do governador mineiro Tancredo Neves para concorrer no Colégio Eleitoral que escolheria o presidente no ano seguinte.

É lançado seu LP *Chico Buarque* –1984.

As cartas (1984)

Chico Buarque

Ilusão
Ilusão
Veja as coisas como elas são
A carroça
A dama
O louco
O trunfo
A mão
O enforcado
A dançarina
Numa cortina
O encarnado
A dançarina, o encantado
O encarnado numa cortina
O enforcado

Ilusão
Ilusão
Veja as coisas como elas são
O curinga
A noiva
O noivo
O sim
O não
O prateado
O cavaleiro
No seu espelho
Desfigurado
O cavaleiro, o prateado
Do outro lado do seu espelho
Desfigurado

Ilusão
Ilusão
Veja as coisas como elas são

A fortuna
A roda
O raio
A imensidão
O estrelado
O obscuro
O seu futuro
Embaralhado

Indagado sobre as motivações para essa canção, no especial *Vai passar*, da TV Bandeirantes, em 1984, Chico conta que fez a letra tendo em mente as imagens do tarô (o enforcado, a dama etc.), como se as cartas fossem exibidas num *clip*. E brinca, chamando a ideia, que foi aproveitada no programa, de genial.

Mano a mano (1984)

João Bosco-Chico Buarque

Meu para-choque com seu para-choque
Era um toque
Era um pó que era um só
Eu e meu irmão
Era porreta
Carreta parelha a carreta
Dançando na reta
Meu irmão
Na beira de estrada valeu
O que era dele era meu
Eu era ele
Ele era eu

Ela era estrela
Era flor do sertão
Era pérola d'oeste
Era consolação
Era amor na boleia

Eram cem caminhões
Mas ela era nova
Viçosa, matriz
Era diamantina
Era imperatriz
Era só uma menina
De três corações
E então

Atravessando a garganta
Jamanta fechando jamanta
Na curva crucial
Era uma barra, era engano
Na certa, era cano
Na mão, mano a mano
Pau a pau
Na beira de estrada se deu
Se o que era dele era meu
Ou era ele ou era eu

Ela era estrela
Era flor do sertão
Era pérola d'oeste
Era consolação
Era amor na boleia
Eram cem caminhões
Mas ela era nova
Viçosa, matriz
Era diamantina
Era imperatriz
Era só uma menina
De três corações
E então

Então lavei as mãos
Do sangue do
Meu sangue do
Meu sangue irmão
Chão

A única parceria da dupla descreve a viagem de dois caminhoneiros disputando a mesma mulher. No caminho se deparam com placas de caminhão de várias cidades brasileiras, todas verdadeiras (Estrela, Flor do Sertão, Pérola d'Oeste, Consolação, Nova Viçosa, Matriz, Diamantina, Imperatriz e Três Corações). No final, um dos dois morre. Chico passou um telegrama para João Bosco, que estava fazendo shows no Japão, informando que terminara a letra e que "*usted se murió*", como se o parceiro fosse o motorista que se deu mal na história.

Pelas tabelas (1984)

Chico Buarque

Ando com minha cabeça já pelas tabelas
Claro que ninguém se toca com minha aflição
Quando vi todo mundo na rua de blusa amarela
Eu achei que era ela puxando um cordão
Oito horas e danço de blusa amarela
Minha cabeça talvez faça as pazes assim
Quando ouvi a cidade de noite batendo as panelas
Eu pensei que era ela voltando pra
Minha cabeça de noite batendo panelas
Provavelmente não deixa a cidade dormir
Quando vi um bocado de gente descendo as favelas
Eu achei que era o povo que vinha pedir
A cabeça de um homem que olhava as favelas
Minha cabeça rolando no Maracanã
Quando vi a galera aplaudindo de pé as tabelas
Eu jurei que era ela que vinha chegando
Com minha cabeça já pelas tabelas
Claro que ninguém se toca com minha aflição
Quando vi todo mundo na rua de blusa amarela
Eu achei que era ela puxando um cordão
Oito horas e danço de blusa amarela
Minha cabeça talvez faça as pazes assim
Quando ouvi a cidade de noite batendo as panelas
Eu pensei que era ela voltando pra
Minha cabeça de noite batendo panelas

```
Provavelmente não deixa a cidade dormir
Quando vi um bocado de gente descendo as favelas
Eu achei que era o povo que vinha pedir
A cabeça dum homem que olhava as favelas
Minha cabeça rolando no Maracanã
Quando vi a galera aplaudindo de pé as tabelas
Eu jurei que era ela que vinha chegando
Com minha cabeça já numa baixela
Claro que ninguém se toca com minha aflição
Quando vi todo mundo na rua de blusa amarela
Eu achei que era ela puxando um cordão
```

A canção foi composta na época em que o Brasil vivia a campanha Diretas Já. Ao incluí-la no seu show de 1994, Chico declarou à *Folha de S.Paulo*:

> *Essa tendência de enxergar sempre através do político de certa forma cristalizou uma ideia que não me satisfaz, absolutamente. Muitas vezes isso aconteceu porque eu queria. Mas no show eu canto uma música que fala disso e que agora não tem mais nada a ver com o momento em que ela foi composta. Me perguntaram por que essa música política no meio do show. Mas ela é na verdade um pouco a negação disso tudo. A música se chama "Pelas tabelas". É um sujeito procurando uma mulher, apaixonado, no meio da manifestação pelas diretas. É essa confusão do individual com o coletivo, e aponta muito para o individual naquele momento coletivo. Mas a leitura predominante é a política, que é uma leitura viciada. "Pelas tabelas" é um samba que eu gosto de cantar e que estou cantando nesse show porque ele também tem um pouco essa confusão do* Estorvo, *essa barafunda mental.*

Suburbano coração (1984)

Chico Buarque

Quem vem lá
Que horas são
Isso não são horas, que horas são
É você, é o ladrão
Isso não são horas, que horas são
Quem vem lá
Blim blem blão
Isso não são horas, que horas são

A casa está bonita
A dona está demais
A última visita
Quanto tempo faz
Balançam os cabides
Lustres se acenderão
O amor vai pôr os pés
No conjugado coração
Será que o amor se sente em casa
Vai sentar no chão
Será que vai deixar cair
A brasa no tapete coração

Quando aumentar a fita
As línguas vão falar
Que a dona tem visita
E nunca vai casar
Se enroscam persianas
Louças se partirão
O amor está tocando
O suburbano coração
Será que o amor não tem programa
Ou ama com paixão
Mulher virando no sofá
Sofá virando cama coração
O amor já vai embora

Ou perde a condução
Será que não repara
A desarrumação
Que tanta cerimônia
Se a dona já não tem
Vergonha do seu coração

Chico mostrou os primeiros versos: "– Quem vem lá?/ Que horas são?/ Isso não são horas, que horas são?/ É você, é o ladrão?", para Tom Jobim, que zombeteiramente insistia em modificá-los para "Quem vem lá?/ E o ladrão/ É o sapatão". Essa introdução ficou guardada, e Chico só terminou a canção quando Naum Alves de Souza lhe encomendou uma música para o show *A hora da estrela*, de Maria Bethânia. Anos depois, em 1989, o próprio Naum escreveria, por sugestão de Fernanda Montenegro, a peça inspirada na canção e para a qual Chico contribuiria com duas novas músicas: "A mais bonita" e "É tão simples".

Vai passar (1984)

Francis Hime-Chico Buarque

Vai passar
Nessa avenida um samba popular
Cada paralelepípedo
Da velha cidade
Essa noite vai
Se arrepiar
Ao lembrar
Que aqui passaram sambas imortais
Que aqui sangraram pelos nossos pés
Que aqui sambaram nossos ancestrais

Num tempo
Página infeliz da nossa história
Passagem desbotada na memória
Das nossas novas gerações
Dormia

A nossa pátria-mãe tão distraída
Sem perceber que era subtraída
Em tenebrosas transações

Seus filhos
Erravam cegos pelo continente
Levavam pedras feito penitentes
Erguendo estranhas catedrais
E um dia, afinal
Tinham direito a uma alegria fugaz
Uma ofegante epidemia
Que se chamava carnaval
O carnaval, o carnaval
(Vai passar)
Palmas pra ala dos barões famintos
O bloco dos napoleões retintos
E os pigmeus do bulevar
Meu Deus, vem olhar
Vem ver de perto uma cidade a cantar
A evolução da liberdade
Até o dia clarear

Ai, que vida boa, olerê
Ai, que vida boa, olará
O estandarte do sanatório geral vai passar
Ai, que vida boa, olerê
Ai, que vida boa, olará
O estandarte do sanatório geral
Vai passar

O jornalista Humberto Werneck recebeu de Chico duas fitas cassetes com todo o registro da história dessa composição. Em entrevista a Geraldo Leite, da Rádio Eldorado, em 1989, ele conta, emocionado, como foi ouvir essa preciosidade:

Um dia eu cheguei na casa dele e ele falou: "Olha, tem uma coisa aqui que você vai gostar". E me mostrou uma fita. E nessa fita ele está tentando dar uma forma final a um refrão do samba "Dr. Getúlio", que ele tinha feito com o Edu Lobo pra peça de mesmo nome, do Ferreira Gullar e do Dias Gomes. Então você vai ouvindo aquele refrão, é ele cantando e tocando violão, e de repente você percebe: daquela música nasce uma outra. Feito um galho. Mas é um galho de uma outra árvore. Com uma emoção extraordinária, percebi que era o "Vai passar". Que estava começando a nascer aquela coisa muito informe, aquela coisa meio fetal ainda, mas já se percebia a música ali. Foi uma experiência absolutamente emocionante pra mim. Você percebia que ele ia tocando aquele pedacinho de música, caía outra vez no refrão de "Dr. Getúlio", voltava pra "Vai passar", ainda sem letra, sem nada. Eu percebia que ele se acercava da música como se a música estivesse pronta fora dele e ele estivesse tentando pegar aquilo com a mão.

Essa história não terminou aí. O Chico explica a nova ideia:

Eu tinha até registrado o momento em que estava fazendo essa música. Eu estava terminando uma música com o Edu e comecei a ter a ideia desse samba. Comecei a ter a ideia musical e algumas pinceladas do que eu queria como letra. Foi na época daquela euforia das diretas. Eu imaginei que se podia fazer um samba composto a vinte mãos. Juntei lá em casa um dia uma porção de amigos e mostrei o samba do jeito que estava. A música não estava pronta. Tinha um problema, eu não conseguia chegar ao tom original. A música ia modulando, e eu não conseguia voltar. E foi o Francis que, no fim, virou meu parceiro e consertou a melodia. Aí começamos a cantar. É claro que foi uma bebedeira e não saiu letra nenhuma. Eu acabei chegando à conclusão de que a música só pode ser feita no máximo por duas pessoas. A não ser esses sambas de carnaval. Cada um começou a dar um palpite mas não saiu nada. Era uma ideia bonita. Fiquei depois um ano com ela parada e falava: "Um dia vou fazer". Aí desisti. Acabei retomando um ano depois e terminei sozinho a letra.

Uma edição dessas fitas mostrando o exato momento em que nasce a canção pode ser ouvida em www.chicobuarque.com.br.

Chico num ato de apoio
ao então candidato a prefeito
de São Paulo Fernando
Henrique Cardoso.

1985

Eis o malandro na praça outra vez, caminhando na ponta dos pés

Em 15 de janeiro, o Colégio Eleitoral escolhe Tancredo Neves como o novo presidente da República. Pela primeira vez após 21 anos, o país seria governado por um civil. Na noite anterior à posse, que seria em 15 de março, o presidente eleito é submetido a uma operação e morre 38 dias depois. A ditadura sai da história literalmente pela porta dos fundos, já que o general Figueiredo se recusou a transmitir a faixa presidencial ao vice eleito, José Sarney.

Em maio, o Congresso aprova emenda constitucional legalizando os partidos comunistas e restabelecendo eleições diretas para prefeitos de capitais (ainda em 1985) e presidente (1988). Em junho, o Brasil restabelece relações diplomáticas com Cuba, interrompidas em 1964.

Nas eleições para prefeito, Chico apoia os candidatos identificados com a luta democrática. Em São Paulo, chegou até a participar da gravação de "Vai ganhar" (uma paródia de "Vai passar"), de autoria de J. Petrolino, para a campanha derrotada de Fernando Henrique Cardoso (PMDB) contra o ex-presidente Jânio Quadros:

Vai ganhar
Fernando Henrique o voto popular
Cada paralelepípedo
na nossa cidade
a vitória vai
comemorar
Vai lembrar
Que aqui passaram muitos imortais
Tancredo Neves de Minas Gerais
E Teotônio e tantos outros mais

O povo
Que é o melhor juiz da nossa história

Vai homenagear sua memória
Tendo presente uma lição
Dormia
A nossa pátria-mãe tão distraída
Na madrugada em que foi traída
Pela renúncia do fujão

Seus filhos
Nunca votaram mais pra presidente
Pois veio um golpe com toda essa gente
Negociatas federais
E um dia afinal
Tancredo trouxe uma alegria geral
E a festa da democracia
Começa nessa capital
Praça da Sé na Catedral
(Vai voltar)
Aquela festa verde e amarela
Fernando Henrique sai na frente dela
Ninguém irá nos dispersar
Meu Deus vem olhar
Vem ver de perto uma cidade a cantar
Na festa da democracia
Quem manda é o voto popular

É Fernando Henrique, olerê
É Fernando Henrique, olará
O voto feliz do PMDB vai ganhar
É Fernando Henrique, olerê
É Fernando Henrique, olará
O voto feliz do PMDB vai ganhar

Em 1985, Chico faz novas canções para a adaptação cinematográfica da *Ópera do malandro*, para a qual também colabora no roteiro e nos diálogos.

Nesse ano são lançados três LPs: *Malandro* e *Ópera do malandro*, com as músicas do filme, e *O corsário do rei*, com as canções da peça de mesmo nome.

A volta do malandro (1985)

Chico Buarque

Para o filme *Ópera do malandro*, de Ruy Guerra

Eis o malandro na praça outra vez
Caminhando na ponta dos pés
Como quem pisa nos corações
Que rolaram dos cabarés

Entre deusas e bofetões
Entre dados e coronéis
Entre parangolés e patrões
O malandro anda assim de viés

Deixa balançar a maré
E a poeira assentar no chão
Deixa a praça virar um salão
Que o malandro é o barão da ralé

A canção, feita especialmente para a abertura do filme, marca também uma das primeiras experiências de seu autor com a tecnologia eletrônica, ainda que não de ponta. O gravador de quatro canais comprado em segunda mão já tinha dez anos quando Chico fez sua primeira incursão nesse terreno:

> *[...] eu estava fazendo uma música, "A volta do malandro", e na minha cabeça havia duas batidas de violão completamente diferentes, um contraponto rítmico que me interessava. Eu tocava uma e ouvia outra ao mesmo tempo – ouvia na minha cabeça. Usando aquele gravador, ficou mais fácil: gravei a primeira batida, que era seca, constante, quase de rock, e em seguida a outra, sincopada. Depois, ouvi as duas juntas, e pronto: em cima delas arrematei a melodia. Na hora, eu não tinha muito clara a ideia do que ia sair, mas acabou ficando melhor do que eu imaginava.*

Palavra de mulher (1985)

Chico Buarque

Para o filme *Ópera do malandro*, de Ruy Guerra

Vou voltar
Haja o que houver, eu vou voltar
Já te deixei jurando nunca mais olhar pra trás
Palavra de mulher, eu vou voltar
Posso até
Sair de bar em bar, falar besteira
E me enganar
Com qualquer um deitar
A noite inteira
Eu vou te amar

Vou chegar
A qualquer hora ao meu lugar
E se uma outra pretendia um dia te roubar
Dispensa essa vadia
Eu vou voltar
Vou subir
A nossa escada, a escada, a escada, a escada
Meu amor, eu vou partir
De novo e sempre, feito viciada
Eu vou voltar

Pode ser
Que a nossa história
Seja mais uma quimera
E pode o nosso teto, a Lapa, o Rio desabar
Pode ser
Que passe o nosso tempo
Como qualquer primavera
Espera
Me espera
Eu vou voltar

Assim como acontecera com “Basta um dia”, a canção havia sido composta para a peça *Calabar* (1973), porém não foi utilizada porque Chico ficou insatisfeito com a letra. Mais tarde aproveitou a melodia para o filme, com novos versos.

Chico cantando e tocando em
uma de suas apresentações.

1986

Te quero, te quero, dizer que não quero teus beijos nunca mais

No início do ano, para conter a inflação, o presidente Sarney lança o Plano Cruzado – que, entre outras medidas, congelava artificialmente os preços. Em novembro, o PMDB vence as eleições para governadores em 22 dos 23 estados. Logo em seguida, novo plano econômico.

Com intermediação do diretor Daniel Filho, chega ao fim o duelo com a TV Globo, e em maio estreia o programa *Chico e Caetano*, no qual se apresentaram ao longo de seis meses nomes como Cazuza, Jorge Benjor, Elza Soares, Tom Jobim, o argentino Astor Piazzolla e os cubanos Silvio Rodríguez e Pablo Milanés.

Anos dourados (1986)

Tom Jobim-Chico Buarque

Parece que dizes
Te amo, Maria
Na fotografia
Estamos felizes
Te ligo afobada
E deixo confissões
No gravador
Vai ser engraçado
Se tens um novo amor
Me vejo a teu lado
Te amo?
Não lembro
Parece dezembro
De um ano dourado
Parece bolero
Te quero, te quero
Dizer que não quero
Teus beijos nunca mais
Teus beijos nunca mais

Não sei se eu ainda
Te esqueço de fato
No nosso retrato
Pareço tão linda
Te ligo ofegante
E digo confusões no gravador
É desconcertante
Rever o grande amor
Meus olhos molhados
Insanos dezembros
Mas quando me lembro
São anos dourados
Ainda te quero
Bolero, nossos versos são banais
Mas como eu espero
Teus beijos nunca mais
Teus beijos nunca mais

A TV Globo encomendou a Tom Jobim uma música para a minissérie *Anos dourados*. O maestro fez a melodia, e nada de o parceiro terminar a letra. Chico havia quebrado o pé, e lembra-se de se emocionar vendo o seriado na tevê. Tom ligava avisando que a música iria entrar, mas nada de letra – que só ficou pronta depois que o programa já havia saído do ar. Chico admite não ser muito rápido, mas se defende dizendo que nesse caso "a minissérie é que foi precipitada". Valeu a pena esperar.

As minhas meninas (1986)

Chico Buarque

Para a peça *As quatro meninas*, de Lenita Plonczynski

Olha as minhas meninas
As minhas meninas
Pra onde é que elas vão
Se já saem sozinhas
As notas da minha canção
Vão as minhas meninas
Levando destinos
Tão iluminados de sim
Passam por mim
E embaraçam as linhas
Da minha mão

As meninas são minhas
Só minhas na minha ilusão
Na canção cristalina
Da mina da imaginação
Pode o tempo
Marcar seus caminhos
Nas faces
Com as linhas
Das noites de não
E a solidão
Maltratar as meninas
As minhas não

As meninas são minhas
Só minhas
As minhas meninas
Do meu coração

Esta era uma encomenda que ele não podia recusar e que, parece, não demorou a entregar. Quem fez o pedido foi Silvia, sua filha mais velha, para a peça juvenil *As quatro meninas*, de Lenita Plonczynski. Chico fala:

> *Nessa música eu digo que tenho ciúme, que sou possessivo e que tudo isso é uma grande besteira. Que é inútil eu ser ciumento, que é inútil eu ser possessivo, que é inútil dizer que são minhas, são minhas, são minhas, porque elas não são, elas já vão embora, e essa sensação de perda é constante. Isso faz parte também dos "enta". A gente começa a perder muita coisa.*

Dois anos antes, ele havia exposto seu ciúme na canção "Sílvia", em parceria com Vinicius Cantuária, na qual diz: "Vai me usar/ E jogar fora/ Ou pode ficar/ [...] Me alugar/ E dormir fora/ Me extraviar/ Me ver no meio do público".

1987/88

Preciso não dormir até se consumar o tempo da gente

Em fevereiro de 1987, com os deputados eleitos no ano anterior, é instalada a 5ª Assembleia Nacional Constituinte, um velho anseio da sociedade, que demandava um ordenamento jurídico do país, avacalhado pela enxurrada de atos institucionais.

Em junho de 1988, a Constituinte aprova mandado de cinco anos para o presidente Sarney, e no mesmo mês o bloco independente do PMDB deixa a legenda para fundar o PSDB (Partido da Social Democracia Brasileira). Em outubro, é promulgada a nova Constituição. Nas eleições municipais de novembro, as oposições, agora representadas pelo PT e pelo PDT, vencem nas principais cidades.

Chico faz com Edu Lobo as músicas do balé *Dança da meia-lua*, e volta aos palcos com o show *Francisco*, cuja temporada começou no Rio de Janeiro e passou por São Paulo, São Luís, Recife, Salvador, Niterói, Vitória, Juiz de Fora. Na sequência, foi para o exterior (Espanha, Holanda e Portugal), retornando a São Paulo e ao Rio, e batendo todos os recordes de bilheteria de uma temporada de shows.

Chico no Carnaval de 1987, quando a Estação Primeira de Mangueira homenageou o poeta Carlos Drummond de Andrade.

Cantando no toró (1987)

Chico Buarque

Sambando na lama de sapato branco, glorioso
Um grande artista tem que dar o tom
Quase rodando, caindo de boca
A voz é rouca mas o mote é bom
Sambando na lama e causando frisson

Mas olha só
Um samba de cócoras em terra de sapo
Sapateando no toró

Cantando e sambando na lama de sapato branco,
glorioso
Um grande artista tem que dar lição
Quase rodando, caindo de boca
Mas com um pouco de imaginação
Sambando na lama sem tocar o chão

E o tal ditado, como é?
Festa acabada, músicos a pé
Músicos a pé, músicos a pé
Músicos a pé

Sambando na lama de sapato branco, glorioso
Um grande artista tem que fazer fé
Quase rodando, caindo de boca
Aba de touca, jura de mulher
Sambando na lama e passando o boné

Mas olha só
Por fora filó, filó
Por dentro, molambo
Cambaleando no toró

Cantando e sambando na lama de sapato branco,
glorioso
Um grande artista tem que dar o que tem e o que não tem

Tocando a bola no segundo tempo
Atrás de tempo, sempre tempo vem
Sambando na lama, amigo, e tudo bem

E o tal ditado, como é?
Festa acabada, músicos a pé
Músicos a pé, músicos a pé
Músicos a pé

Sambando na lama de sapato branco, glorioso
Um grande artista tem que estar feliz
Sambando na lama e salvando o verniz

Mas olha só
Em terra de sapo, sambando de cócoras
Sapateando no toró

Cantando e sambando na lama de sapato branco,
glorioso
Um grande artista tem que estar tranchã
Sambando na lama, amigo, até amanhã

E o tal ditado, como é?
Festa acabada, músicos a pé
Músicos a pé, músicos a pé
Músicos a pé

A canção veio a partir de um sonho que Chico teve numa época em que andava às turras com sua gravadora. No pesadelo,

> *os diretores, no estúdio, olhavam, e eu não sabia o que cantar. Então, anunciei que ia gravar uma versão de "Singing in the rain" e comecei: "Cantando no toró, cantando no toró...". Acordei e resolvi compor alguma coisa chamada "Cantando no toró", claro que bem diferente daquilo que aparecia no sonho.*

A música foi incluída na trilha da novela *Sassaricando*, da TV Globo.

O velho Francisco (1987)

Chico Buarque

Já gozei de boa vida
Tinha até meu bangalô
Cobertor, comida
Roupa lavada
Vida veio e me levou

Fui eu mesmo alforriado
Pela mão do imperador
Tive terra, arado
Cavalo e brida
Vida veio e me levou

Hoje é dia de visita
Vem aí meu grande amor
Ela vem toda de brinco
Vem todo domingo
Tem cheiro de flor

Quem me vê, vê nem bagaço
Do que viu quem me enfrentou
Campeão do mundo
Em queda de braço
Vida veio e me levou

Li jornal, bula e prefácio
Que aprendi sem professor
Frequentei palácio
Sem fazer feio
Vida veio e me levou

Hoje é dia de visita
Vem aí meu grande amor
Ela vem toda de brinco
Vem todo domingo
Tem cheiro de flor

Eu gerei dezoito filhas
Me tornei navegador
Vice-rei das ilhas
Da Caraíba
Vida veio e me levou

Fechei negócio da China
Desbravei o interior
Possuí mina
De prata, jazida
Vida veio e me levou

Hoje é dia de visita
Vem aí meu grande amor
Hoje não deram almoço, né
Acho que o moço até
Nem me lavou

Acho que fui deputado
Acho que tudo acabou
Quase que
Já não me lembro de nada
Vida veio e me levou

Da mesma forma que "Cantando no toró", esta canção surgiu a partir de um sonho. Ao jornalista Humberto Werneck, Chico diz que sonhara com "uma preta velha que contava uma história num fundo de cozinha e pedia, com a voz cava e arrastada: 'Fecha a porta! Fecha a porta!'". A velha preta virou "O velho Francisco", que narra suas reminiscências numa espécie de delírio. Foi ouvindo essa canção na voz de Mônica Salmaso que o produtor cultural Rodrigo Teixeira teve a ideia de fazer, com vários autores, um livro de contos inspirados em letras de Chico Buarque. Este deu o aval para o projeto, mas excluiu essa da lista de canções. É que ele próprio já a utilizara como ponto de partida para seu quarto romance, *Leite derramado* (2009), no qual o personagem principal conta sua vida bem à maneira da letra de "O velho Francisco". Mesmo desfalcado da música que o motivou, o livro será lançado pela Companhia das Letras até o final de 2009, com dez contos: "As vitrines" (João Gilberto Noll), "Brejo da Cruz" (André Sant'Anna), "Carioca" (Cadão Volpato), "Construção" (Mario Bellatin), "Ela faz cinema" (Alan Pauls), "Feijoada completa" (Luis Fernando Verissimo), "Folhetim" (Xico Sá), "Mil perdões" (Carola Saavedra), "Olhos nos olhos" (Mia Couto) e "Outros sonhos" (Rodrigo Fresan).

Para a divulgação do disco, a música foi gravada em *clip* filmado em Tiradentes, Minas Gerais, com direção de Roberto Talma.

Todo o sentimento (1987)

Cristóvão Bastos-Chico Buarque

Preciso não dormir
Até se consumar
O tempo
Da gente
Preciso conduzir
Um tempo de te amar
Te amando devagar
E urgentemente
Pretendo descobrir
No último momento
Um tempo que refaz o que desfez
Que recolhe todo o sentimento
E bota no corpo uma outra vez

Prometo te querer
Até o amor cair
Doente
Doente
Prefiro então partir
A tempo de poder
A gente se desvencilhar da gente
Depois de te perder
Te encontro, com certeza
Talvez num tempo da delicadeza
Onde não diremos nada
Nada aconteceu
Apenas seguirei, como encantado
Ao lado teu

Na época da gravação do disco ocorreu uma greve de técnicos, e como os músicos não podiam gravar nada novo, decidiram mexer nos arranjos da parte já gravada. Assim, o que era originalmente um samba transformou-se na belíssima canção "Todo o sentimento", que posteriormente fez parte da trilha sonora da novela *Vale tudo* (TV Globo, 1988).

Valsa brasileira (1987/88)

Edu Lobo-Chico Buarque

Vivia a te buscar
Porque pensando em ti
Corria contra o tempo
Eu descartava os dias
Em que não te vi
Como de um filme
A ação que não valeu
Rodava as horas pra trás
Roubava um pouquinho
E ajeitava o meu caminho
Pra encostar no teu

Subia na montanha
Não como anda um corpo
Mas um sentimento
Eu surpreendia o sol
Antes do sol raiar
Saltava as noites
Sem me refazer
E pela porta de trás
Da casa vazia
Eu ingressaria
E te veria
Confusa por me ver
Chegando assim
Mil dias antes de te conhecer

Muitas vezes a letra não sai. E Chico explica que não se trata de gostar ou não da música. Acontece de adorar uma canção e a letra não sair. Nessas ocasiões ele pedia a Edu nova melodia. Com *Valsa brasileira*, até que a primeira parte saiu rapidamente. Mas a segunda não vinha. Só depois de algum tempo é que ele percebeu que já havia dito tudo, e que uma segunda parte era desnecessária. Edu lembra que Chico pode ter sido induzido a continuar a letra pela existência de uma parte instrumental que, no entanto, não requeria letra.

Chico no comício realizado em apoio à campanha de Lula para presidente em 1989, no Estádio do Pacaembu, em São Paulo.

1989

Para Mané para Didi para Pagão para Pelé e Canhoteiro

Ainda às voltas com a inflação, Sarney lança o Plano Verão, em janeiro de 1989. Depois de 29 anos, acontecem as primeiras eleições diretas para presidente, vencidas por Fernando Collor de Mello (53,03%) contra Luiz Inácio Lula da Silva (46,97%). Chico, com muitos outros artistas, grava o famoso *clip Lula lá*. Participa do Festival Internacional de Jazz de Amiens, França, e se apresenta no Le Zenith. Lança mais um LP: *Chico Buarque* – 1989. Depois desse álbum, Chico começa a alternar períodos dedicados à literatura com os reservados à música.

A mais bonita (1989)

Chico Buarque

Para a peça *Suburbano coração*, de Naum Alves de Souza

Não, solidão, hoje não quero me retocar
Nesse salão de tristeza onde as outras penteiam mágoas
Deixo que as águas invadam meu rosto
Gosto de me ver chorar
Finjo que estão me vendo
Eu preciso me mostrar

Bonita
Pra que os olhos do meu bem
Não olhem mais ninguém
Quando eu me revelar
Da forma mais bonita
Pra saber como levar todos
Os desejos que ele tem
Ao me ver passar
Bonita
Hoje eu arrasei
Na casa de espelhos
Espalho os meus rostos
E finjo que finjo que finjo
Que não sei

É mais um caso de canções que por um ou outro motivo ficaram engavetadas durante algum tempo e depois foram recuperadas. Chico se comprometera com Naum Alves de Souza a fazer músicas para a peça *Suburbano coração*. Porém, com o braço quebrado, não conseguia tocar violão, o instrumento que usa para compor. Recorreu ao arquivo de fitas e encontrou o esboço de "A mais bonita", cujo título é uma brincadeira com Tom Jobim, autor de "Bonita". A Humberto Werneck ele diz que a ouviu "como se ouvisse pela primeira vez uma composição de outra pessoa", e terminou a letra como se estivesse escrevendo para um parceiro.

Morro Dois Irmãos (1989)

Chico Buarque

Dois Irmãos, quando vai alta a madrugada
E a teus pés vão-se encostar os instrumentos
Aprendi a respeitar tua prumada
E desconfiar do teu silêncio

Penso ouvir a pulsação atravessada
Do que foi e o que será noutra existência
É assim como se a rocha dilatada
Fosse uma concentração de tempos

É assim como se o ritmo do nada
Fosse, sim, todos os ritmos por dentro
Ou, então, como uma música parada
Sobre uma montanha em movimento

Falando à *Folha de S.Paulo* em 1995 sobre seu livro *Benjamim*, Chico admite que o capítulo que fala da Pedra do Elefante saiu do mesmo núcleo que gerou "Morro Dois Irmãos":

> *[...] como se a rocha dilatada fosse uma concentração de tempos. Não há nenhum enigma, nenhum estranhamento. As pedras no Rio de Janeiro fazem parte da paisagem, é algo muito concreto, eu moro rodeado de pedras.*

O futebol (1989)

Chico Buarque

Para Mané, Didi, Pagão, Pelé e Canhoteiro

Para estufar esse filó
Como eu sonhei
Só
Se eu fosse o Rei
Para tirar efeito igual
Ao jogador
Qual
Compositor
Para aplicar uma firula exata
Que pintor
Para emplacar em que pinacoteca, nega
Pintura mais fundamental
Que um chute a gol
Com precisão
De flecha e folha seca

Parafusar algum joão
Na lateral
Não
Quando é fatal
Para avisar a finta enfim
Quando não é
Sim
No contrapé
Para avançar na vaga geometria
O corredor
Na paralela do impossível, minha nega
No sentimento diagonal
Do homem-gol
Rasgando o chão
E costurando a linha

Parábola do homem comum
Roçando o céu

Um
Senhor chapéu
Para delírio das gerais
No coliseu
Mas
Que rei sou eu
Para anular a natural catimba
Do cantor
Paralisando esta canção capenga, nega
Para captar o visual
De um chute a gol
E a emoção
Da ideia quando ginga

(Para Mané para Didi para Mané
Mané para Didi para Mané para Didi
Para Pagão para Pelé e Canhoteiro)

É conhecida a paixão de Chico por futebol. Em entrevista a Rodolfo Fernandes, do jornal *O Globo*, Chico fala sobre o assunto:

> *[...]o futebol acima dessas artes todas (música, pintura). Não que eu considere o futebol uma arte superior a essas. Mas há certos momentos de genialidade do futebol, daquela capacidade de improviso, alguns relances que acontecem no futebol, que artista nenhum consegue produzir.*

Já não vai tanto a estádio, mas joga três vezes por semana com os amigos. Durante as temporadas de shows, as partidas de futebol são parte integrante dos contratos – a tal ponto que ele e os músicos brincam, dizendo que estão ali jogando futebol, e, como sobra um tempinho, fazem shows.

Pela sede do Polytheama – invicto em partidas oficiais há 25 anos, segundo Chico e Vinicius França – passaram nomes ilustres como Pagão, Zizinho, Nilton Santos, Silva, Tostão, Zico, Júnior, Leandro, Reinaldo, Sócrates, Romário e Ronaldo. Aliás, foi no Polytheama que Ronaldo, o Fenômeno, fez a sua primeira partida após a cirurgia no joelho, e também a última antes de embarcar para a Copa do Mundo do Japão, em 2002.

Mas a visita mais emocionante foi a de Pagão, ex-jogador do Santos, que Chico tenta imitar e cujo nome assina nas súmulas das partidas que disputa. Na ocasião, ganhou do santista uma camisa autografada. No dia seguinte, após sair de casa, se deu conta de que a preciosidade poderia ser lavada, e ele perderia o autógrafo – o único que tem – do seu grande ídolo. Voltou correndo a tempo de salvar o tesouro, já a caminho da máquina de lavar. Tanta afinidade lhe valeu um convite para ser comentarista dos jornais *O Globo* e *O Estado de S. Paulo* durante a Copa de 1998, na França.

Embora algumas de suas canções falem de passagem sobre futebol ("Bom tempo", "Ilmo. sr. Cyro Monteiro", "Com açúcar, com afeto", "Biscate"), "O futebol" é a única que trata do assunto em si. É uma homenagem aos seus cinco atacantes preferidos. Depois de terminada a letra, Chico fez uma dedicatória que acabou virando uma tabelinha no final da canção. Ele só lamenta ter deixado de fora, por questão de métrica, o atacante Zizinho.

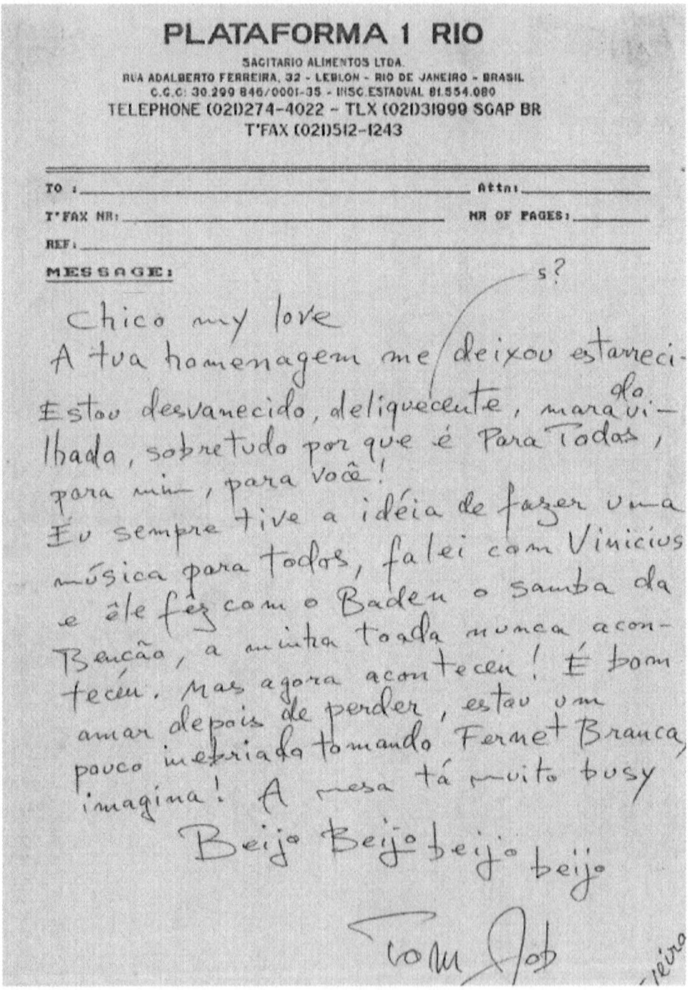
PLATAFORMA 1 RIO

SAGITARIO ALIMENTOS LTDA.
RUA ADALBERTO FERREIRA, 32 - LEBLON - RIO DE JANEIRO - BRASIL
C.G.C: 30.299 846/0001-35 - INSC.ESTADUAL 81.554.080
TELEPHONE (021)274-4022 - TLX (021)31999 SGAP BR
T'FAX (021)512-1243

TO : Attn:
T'FAX NR: NR OF PAGES:
REF:
MESSAGE:

s?

Chico my love
A tua homenagem me deixou estarreci-do
Estou desvanecido, deliquecente, maravi-
lhada, sobretudo por que é Para Todos,
para mim, para você!
Eu sempre tive a idéia de fazer uma
música para todos, falei com Vinicius
e êle fez com o Baden o samba da
Bençāo, a minha toada nunca acon-
teceu. Mas agora aconteceu! É bom
amar depois de perder, estou um
pouco inebriado tomando Fernet Branca,
imagina! A mesa tá muito busy

Beijo Beijo beijo beijo

Tom Jobim

Bilhete de Tom Jobim
agradecendo a canção
"Paratodos".

1990/93

Meu maestro soberano foi Antonio Brasileiro

Em 15 de março de 1990, Fernando Collor de Mello assume a presidência da República. No dia seguinte, lança um pacote de medidas econômicas e confisca por dezoito meses saldos de conta corrente, poupança e outros investimentos superiores a 50 mil cruzeiros. A inflação, todavia, resistiu ao choque, e em janeiro de 1991 o Governo vê-se obrigado a fazer novo plano para debelá-la.

Em maio de 1992 é instalada uma CPI (Comissão Parlamentar de Inquérito) para apurar denúncias de corrupção feitas por Pedro Collor de Mello contra o irmão presidente e seu tesoureiro de campanha, o empresário Paulo César Farias. A Câmara aprova o afastamento de Collor, e a presidência é exercida, provisoriamente, pelo vice Itamar Franco. Com base no relatório da CPI, a ABI (Associação Brasileira de Imprensa) pede, em setembro, o *impeachment* do presidente. Entre os signatários do pedido estava o nome de Chico Buarque.

Para evitar a cassação, Collor renuncia, em 29 de dezembro. No dia seguinte, o Senado o condena à suspensão de seus direitos políticos por oito anos. Itamar Franco assume definitivamente o cargo.

Em maio de 1993, Fernando Henrique Cardoso assume o Ministério da Fazenda, começando a pavimentar o caminho que o levaria à presidência da República no ano seguinte.

Junto com a família Caymmi, Chico se apresenta no Festival de Jazz de Montreux, França, e volta à música – depois de ter se afastado para escrever seu romance *Estorvo* – com o álbum e o show *Paratodos*.

A foto da capa (1993)

Chico Buarque

O retrato do artista quando moço
Não é promissora, cândida pintura
É a figura do larápio rastaquera
Numa foto que não era para capa
Uma pose para câmera tão dura
Cujo foco toda lírica solapa

Era rala a luz naquele calabouço
Do talento a claraboia se tampara
E o poeta que ele sempre se soubera
Claramente não mirava algum futuro
Via o tira da sinistra que rosnara
E o fotógrafo frontal batendo a chapa

É uma foto que não era para capa
Era a mera contracara, a face obscura
O retrato da paúra quando o cara
Se prepara para dar a cara a tapa

A legenda da foto estampada na edição de 29 de dezembro de 1961 do jornal *Última Hora*, de São Paulo, dizia: "A dupla F. B. H. e O. J., os autores do furto do automóvel". Foi a primeira vez que Chico apareceu na imprensa.

Uma das diversões do que se chamava na época de juventude transviada era roubar carros para passear até que acabasse a gasolina. Mas naquela noite a dupla cometeu um erro. Apossou-se de um carro que já havia roubado. O veículo, desligado, desceu silenciosamente uma das ladeiras do Pacaembu. Quando os pivetes deram a partida, nada de o motor funcionar. Sem saber que o dono havia retirado uma peça chamada cachimbo, sem a qual o motor não funciona, continuaram tentando. O barulho chamou a atenção dos policiais de uma viatura que passava por ali. Os garotos foram algemados, colocados dentro do camburão, onde já começaram a apanhar, e levados a uma delegacia para que admitissem fazer parte de uma quadrilha de profissionais. Depois de mais algumas cacetadas, alguém se convenceu de que os meninos eram menores de idade.

Passaram a noite no Juizado de Menores, e no dia seguinte coube à irmã Miúcha resgatar o mano delinquente. Pior que as agressões foi a pena complementar imposta pelo juiz: seis meses de absoluta reclusão noturna. Até que completasse 18 anos, Chico só poderia sair de casa durante o dia, para ir à escola.

O jornalista Humberto Werneck identificou uma curiosa coincidência de datas: "Seis anos mais tarde, também num 29 de dezembro, a imprensa haveria de abrir largos espaços para relatar a entrega do título de cidadão honorário paulistano ao pivete de 1961".

As fotos – de perfil e de frente – de seu fichamento na polícia inspiraram a criação da música e integraram o mosaico do álbum *Paratodos* (1993), cujo projeto da capa é do próprio Chico.

Outra noite (1993)

Luiz Claudio Ramos-Chico Buarque

Outra noite
Outro sono
Como se eu sonhasse o sonho
De outro dono
Outro fumo, uma outra cinza
Outra manhã

Mordo a fruta
Outro é o sumo
Ando pela mesma casa
Com outro prumo
Outra sombra, outono
Chuva temporã

Será que já não vi
De modo impessoal
E em tempo diferente

Um dia estranhamente igual
Dias iguais
– avareza de Deus
Passando indiferentes
Por estranhos olhos meus

Outros olhos
No teu rosto
Vou falar teu nome
E já teu nome é outro
Outra bruma
Sombra de outro sonho, alguém
Na manhã de junho
Outono, outubro, além

Chico recebeu a encomenda para um seriado de uma tevê portuguesa sobre pessoas desaparecidas sem deixar qualquer vestígio. Colocou letra na melodia do maestro Luiz Claudio Ramos. Inicialmente os portugueses torceram o nariz, pelo fato de se tratar de uma parceria, mas terminaram gostando.

De volta ao samba (1993)

Chico Buarque

Pensou que eu não vinha mais, pensou
Cansou de esperar por mim
Acenda o refletor
Apure o tamborim
Aqui é o meu lugar
Eu vim

Fechou o tempo, o salão fechou
Mas eu entro mesmo assim
Acenda o refletor
Apure o tamborim
Aqui é o meu lugar
Eu vim

Eu sei que fui um impostor
Hipócrita querendo renegar seu amor
Porém me deixe ao menos ser
Pela última vez o seu compositor

Quem vibrou nas minhas mãos
Não vai me largar assim
Acenda o refletor
Apure o tamborim
Preciso lhe falar
Eu vim
Com a flor
Dos acordes que você
Brotando cantou pra mim
Acenda o refletor
Apure o tamborim
Aqui é o meu lugar
Eu vim

Eu era sem tirar nem pôr
Um pobre de espírito ao desdenhar seu favor
Porém meu samba, o trunfo é seu
Pois quando de uma vez por todas
Eu me for
E o silêncio me abraçar
Você sambará sem mim
Acenda o refletor
Apure o tamborim
Aqui é o meu lugar
Eu vim

O álbum *Paratodos* estava quase pronto, com onze faixas, quando Chico percebeu que as três primeiras ("Paratodos", "Choro bandido", "Tempo e artista") falavam do músico e de sua relação com a arte. Para completar essa ideia, ele compôs "De volta ao samba" (a quarta faixa), que marca o retorno do compositor à música, após ter se afastado por um longo período para escrever o romance *Estorvo*, publicado em 1991.

Futuros amantes (1993)

Chico Buarque

Não se afobe, não
Que nada é pra já
O amor não tem pressa
Ele pode esperar em silêncio
Num fundo de armário
Na posta-restante
Milênios, milênios
No ar

E quem sabe, então
O Rio será
Alguma cidade submersa
Os escafandristas virão
Explorar sua casa
Seu quarto, suas coisas
Sua alma, desvãos

Sábios em vão
Tentarão decifrar
O eco de antigas palavras
Fragmentos de cartas, poemas
Mentiras, retratos
Vestígios de estranha civilização

Não se afobe, não
Que nada é pra já
Amores serão sempre amáveis
Futuros amantes quiçá
Se amarão sem saber
Com o amor que eu um dia
Deixei pra você

Falando no DVD *Romance*, Chico descreve como apareceu a maravilhosa canção:

Eu estava mexendo no violão, comecei a fazer a melodia, e a primeira coisa que apareceu foi exatamente cidade submersa, isolada de tudo... Porque cantarolando parecia cidade submersa, parecia que a música queria dizer isso. E eu tinha que ir atrás depois, tinha que explicar essa cidade submersa, tinha que criar uma história. Aí eu coloquei esses escafandristas e esse amor adiado, esse amor que fica pra sempre, né? Essa ideia do amor que existe como algo que pode ser aproveitado mais tarde, que não se desperdiça. Passa-se o tempo, passam-se milênios, e aquele amor vai ficar até debaixo d'água e vai ser usado por outras pessoas. Amor que não foi utilizado. Porque não foi correspondido, ele ficou ímpar, pairando ali, esperando que alguém o apanhe e complete a sua função de amor.

Paratodos (1993)

Chico Buarque

O meu pai era paulista
Meu avô, pernambucano
O meu bisavô, mineiro
Meu tataravô, baiano
Meu maestro soberano
Foi Antonio Brasileiro

Foi Antonio Brasileiro
Quem soprou esta toada
Que cobri de redondilhas
Pra seguir minha jornada
E com a vista enevoada
Ver o inferno e maravilhas

Nessas tortuosas trilhas
A viola me redime

Creia, ilustre cavalheiro
Contra fel, moléstia, crime
Use Dorival Caymmi
Vá de Jackson do Pandeiro

Vi cidades, vi dinheiro
Bandoleiros, vi hospícios
Moças feito passarinho
Avoando de edifícios
Fume Ari, cheire Vinicius
Beba Nelson Cavaquinho

Para um coração mesquinho
Contra a solidão agreste
Luiz Gonzaga é tiro certo
Pixinguinha é inconteste
Tome Noel, Cartola, Orestes
Caetano e João Gilberto

Viva Erasmo, Ben, Roberto
Gil e Hermeto, palmas para
Todos os instrumentistas
Salve Edu, Bituca, Nara
Gal, Bethânia, Rita, Clara
Evoé, jovens à vista

O meu pai era paulista
Meu avô, pernambucano
O meu bisavô, mineiro
Meu tataravô, baiano
Vou na estrada há muitos anos
Sou um artista brasileiro

Conforme Humberto Werneck, quando se aproximava dos 50 anos, Chico cantava pela casa: "Vou fazer 50 anos/ Sou artista brasileiro/ Sou do Rio de Janeiro". A crise da idade foi, portanto, a mãe dessa canção, que é uma brincadeira com a mania que Tom Jobim tinha de discorrer sobre sua árvore genealógica, dizendo: "O meu pai era gaúcho, o meu avô era de Leme, em São Paulo, o meu bisavô era cearense, e eu sou até primo de Vinicius". A letra desemboca numa homenagem em que, na genealogia musical do autor, Tom ocupa o papel de maestro soberano, ao lado de outros tantos "parentes". Chico lembra que na ocasião em que fez a canção, sabendo que Tom já não tinha muita paciência para ouvir música, mandou-lhe um bilhete dizendo: "Ouve só esta". Sentado numa mesa de bar, Tom redigiu um bilhete agradecendo a homenagem.

Chico, my love

A tua homenagem me deixou estarrecido.
Estou desvanecido, deliquescente, maravilhado, sobretudo porque é Para Todos, para mim, para você!
Eu sempre tive a ideia de fazer uma música para todos, falei com o Vinicius e ele fez com o Baden o "Samba da bênção", a minha toada nunca aconteceu. Mas agora aconteceu! É bom amar depois de perder, estou um pouco inebriado tomando Fernet branca, imagina! A mesa tá muito busy.
Beijo, beijo, beijo, beijo.

Tom Jobim

Tempos depois o maestro deu ao seu último disco o nome de *Antonio Brasileiro*, como é tratado na letra de Chico.

Piano na Mangueira (1993)

Tom Jobim-Chico Buarque

Mangueira
Estou aqui na plataforma
Da Estação Primeira
O morro veio me chamar
De terno branco e chapéu de palha
Vou me apresentar à minha nova parceira
Já mandei subir o piano pra Mangueira

A minha música não é de levantar poeira
Mas pode entrar no barracão
Onde a cabrocha pendura a saia
No amanhecer da quarta-feira
Mangueira
Estação Primeira de Mangueira

A canção foi composta para o álbum *No Tom da Mangueira*, concebido por Hermínio Bello de Carvalho em 1991 como forma de arrecadar fundos para a escola – que, em 1992, mostraria na avenida o enredo *Se todos fossem iguais a você*, em homenagem ao Maestro Soberano.

Numa longa entrevista para Luiz Roberto Oliveira, publicada no *site* de Tom Jobim, Chico revela as implicâncias e manhas do músico quando não gostava de alguma coisa na letra.

> *Para mostrar que a frase "já mandei subir o piano pra Mangueira" não lhe agradara, porque a sílaba tônica recaía em "man" de "mandei", Tom cantava, ironizando,* "Monday, Tuesday, Wednesday...". *Chico explicava, com bom humor, por que isso acontecia: "Ô Tom, é 'já mandei' porque o piano está subindo o morro puxado naquelas cordas, está indo todo torto, então ele vai desconjuntar, e tem que ter essa sílaba tônica no lugar errado: 'já mandei subir'". O maestro parecia concordar, mas logo depois cantava do jeito que queria. Como Chico insistisse no seu ponto de vista, Tom costumava usar um recurso que o próprio letrista descreve: "Algumas vezes acon-*

teceu, inclusive com o 'Piano na Mangueira', que, quando eu terminava a letra, ele ouvia, às vezes fazia algumas brincadeiras e tal, mas eu ficava sério, pronto para sustentar o meu ponto de vista, e aí, às vezes, o que ele fazia? Ele mudava a música depois da letra pronta!, sendo que eu tinha feito a letra exatamente para a música como ela era".

Geralmente Chico chegava com a letra pronta e Tom se punha a cantar – e, no ato, substituía o que não lhe agradava. O letrista supunha que ele tivesse lido errado e que na próxima vez consertaria, o que não ocorria. Foi assim com o verso "já mandei subir o piano pra Mangueira", que Tom insistia em cantar "já mandei subir meu piano pra Mangueira". Chico dizia: "Tom, não é 'meu piano', é 'o piano', uma coisa mais vaga assim...". O parceiro fingia concordar, mas na sequência voltava a repetir. Foi preciso que Chico recorresse aos seus conhecimentos linguísticos para o maestro entregar os pontos: "É bonito 'o piano' sem ser 'meu', porque em francês, onde tudo é possessivo (e eu tenho essa experiência agora que estou traduzindo um livro), tem que ser 'meu piano' ou 'seu piano', piano dele ou piano dela. Eu lembro de ter comentado isso com o Tom, é bonito, na língua portuguesa, 'mandei subir o piano'..."

Foi a última parceria da dupla. Tom morreria poucos meses depois.

Em jogo beneficente para a
campanha Ação da Cidadania
contra a Fome e pela Cidadania,
organizada pelo sociólogo
Herbert de Souza, o Betinho.

1994/97

Soberba, garbosa, minha escola
é um cata-vento a girar. É verde, é rosa.
Oh, abre alas para a Mangueira passar

Tom Jobim morreu em 8 de dezembro de 1994, em Nova York, vítima de um tumor maligno na bexiga. Desconsolado, Chico devolveu à irmã do maestro dezenas de fitas com melodias que aguardavam letras, sob a alegação de que não teria graça fazê-las sem a presença do parceiro.

Em 1994, Fernando Henrique Cardoso é eleito presidente e toma posse em janeiro do ano seguinte. O MST (Movimento dos Trabalhadores Rurais Sem Terra) intensifica suas atividades. Em 9 de agosto, um confronto armado entre sem-terra e policiais militares deixa 11 mortos – 2 policiais e 9 sem-terra – na Fazenda Helina, em Corumbiara (RO). No ano seguinte, 3 mil famílias promovem a maior ocupação de terra do país, e, em 17 de abril de 1996, um protesto dos sem-terra contra a lentidão da reforma agrária resulta em 19 mortos em Eldorado do Carajás.

Em janeiro de 1997, o Congresso aprova a emenda constitucional que permite a reeleição do presidente da República.

Em 1995, Chico lança o LP *Uma palavra*, que, segundo ele, foi uma espécie de revisão de sua obra, e seu segundo romance, *Benjamim*.

Dis-mois comment – versão de "Eu te amo" (1994)

Tom Jobim-Chico Buarque

Ah, si nous ne savons plus quelle heure il est
Si c'est mardi, si c'est le mois de mai
Alors dis-moi comment je dois partir
Si pour t'approcher
J'ai parcouru des routes dérobées
Les ponts derrière moi je les ai tous coupés
Où désormais pourrai-je revenir
Si nous, dans le ballet de nos nuits éternelles
Avons mêlé nos jambes, dis-moi quelles
Seront les jambes qu'iront me conduire
Si c'est dans ma peau que tu prends ta chaleur
Si dans le charivari de ton coeur
Mon sang s'est égaré, trompé de veine
Si dans le désordre de ta garde-robe
Voilà ma veste qui embrasse ta robe
Et mes chaussures qui se posent sur les tiennes
Si on ne connaît pas le mot de la fin
Si dans mes mains je garde encore tes seins
Avec quel masque puis-je m'en sortir
Non, tu ne peux pas rester là, l'air de rien
Je t'ai donné mes yeux, tu le sais bien
Alors dis-moi comment je dois partir

Foi a única vez em que Chico verteu uma letra sua para outro idioma. Cantada por ele em primeira audiência no Olympia de Paris, em 1994, a versão francesa foi gravada por Zé Luiz Mazziotti no CD *Canções de Chico Buarque*, lançado em 2004, e no mesmo ano, em dueto com Chico, no CD *Cecília Leite*.

Como um samba de adeus (1995)

Caetano Veloso-Chico Buarque

Quanto tempo
Mina d'água do meu canto
Manso
Piano e voz
Vento
Campo

Dentro
Antro
Onde reside o lamento
Preto
Da minha voz
Tanto
Tempo

Como nunca mais, eu penso
Como um samba de adeus
Com que jeito acenar
O meu lenço
Branco

Quanto tempo
Pode durar um espanto
Onde lançar a voz
Tempo
Tanto

A canção que uniu pela segunda vez Chico e Caetano é um lamento pela morte de Tom Jobim, e foi gravada por Gal Costa no seu álbum *Mina d'água do meu canto* (1995).

Leve (1996)

Carlinhos Vergueiro-Chico Buarque

Não me leve a mal
Me leve à toa pela última vez
A um quiosque, ao planetário
Ao cais do porto, ao paço

O meu coração, meu coração
Meu coração parece que perde um pedaço, mas não
Me leve a sério
Passou este verão
Outros passarão
Eu passo

Não se atire do terraço, não arranque minha cabeça
Da sua cortiça
Não beba muita cachaça, não se esqueça depressa de
mim, sim?
Pense que eu cheguei de leve
Machuquei você de leve
E me retirei com pés de lã
Sei que o seu caminho amanhã
Será um caminho bom

Mas não me leve
Não me leve a mal
Me leve apenas para andar por aí
Na Lagoa, no cemitério
Na areia, no mormaço

O meu coração, meu coração
Meu coração parece que perde um pedaço, mas não
Me leve a sério
Passou este verão
Outros passarão
Eu passo

Não se atire do terraço, não arranque minha cabeça
Da sua cortiça
Não beba muita cachaça, não se esqueça depressa de
mim, sim?

Pense que eu cheguei de leve
Machuquei você de leve
E me retirei com pés de lã
Sei que o seu caminho amanhã
Será tudo de bom
Mas não me leve

O meu coração parece que perde um pedaço, mas não
Me leve a sério
Passou este verão
Outros passarão
Eu passo

A canção foi criada para Dora Vergueiro – filha do parceiro Carlinhos Vergueiro – gravar. Depois foi incluída no álbum *Carioca* (2006), por evocar locais do Rio de Janeiro.

Chão de esmeraldas (1997)

Chico Buarque-Hermínio Bello de Carvalho

Me sinto pisando
Um chão de esmeraldas
Quando levo meu coração
À Mangueira
Sob uma chuva de rosas
Meu sangue jorra das veias
E tinge um tapete
Pra ela sambar
É a realeza dos bambas
Que quer se mostrar
Soberba, garbosa
Minha escola é um cata-vento a girar
É verde, é rosa
Oh, abre alas para a Mangueira passar

Chico teve a primeira experiência de musicar letra com *Morte e vida severina*, em 1965, e depois no poema *O romanceiro da Inconfidência*, de Cecília Meireles, e nunca mais fez nada nesse sentido. Ao contrário: para os parceiros, ele é o letrista por excelência. Daí por que se assustou quando Hermínio Bello de Carvalho lhe pediu que musicasse seu poema. Advertiu o amigo de que já não tinha tanta prática, mas aceitou a encomenda. Para sua surpresa, não havia perdido a embocadura, e a música saiu naturalmente, "veio com aquela espontaneidade do tempo em que eu fazia música aos borbotões". Ele diz, rindo, que não se lembra de ter cortado alguns versos do longo poema. Mas sobre a introdução do adjetivo "garbosa", comenta: "É, disso eu acho que me lembro. Mas não foi pra corrigir o Hermínio, foi coisa que eu achei que soava bem, ficava bonito". E, de fato, ficou.

Você, você (Uma canção edipiana) (1997)

Guinga-Chico Buarque

Que roupa você veste, que anéis?
Por quem você se troca?
Que bicho feroz são seus cabelos
Que à noite você solta?
De que é que você brinca?
Que horas você volta?

Seu beijo nos meus olhos, seus pés
Que o chão sequer não tocam
A seda a roçar no quarto escuro
E a réstia sob a porta
Onde é que você some?
Que horas você volta?

Quem é essa voz?
Que assombração
Seu corpo carrega?
Terá um capuz?
Será o ladrão?
Que horas você chega?

Me sopre novamente as canções
Com que você me engana
Que blusa você, com o seu cheiro
Deixou na minha cama?
Você, quando não dorme
Quem é que você chama?

Pra quem você tem olhos azuis
E com as manhãs remoça
E à noite, pra quem
Você é uma luz
Debaixo da porta?
No sonho de quem
Você vai e vem

Com os cabelos
Que você solta?
Que horas, me diga que horas, me diga
Que horas você volta?

A ideia da letra surgiu ao observar o neto Chiquinho, extremamente apegado à mãe Lelê, enquanto esta se preparava para sair e deixou uma blusa no berço para que a criança não sentisse sua falta. Embora tivesse músicas mais novas de Guinga, Chico lembrou-se de uma que estava com ele havia quase dez anos e que servia para a ideia. Guinga costuma brincar dizendo que "temos um filho só". Chico responde que está bom, que o filho cresceu e não deu problema. A bela e difícil canção foi incluída no disco *As cidades*, mas deu um problema, sim: ficou fora do show de mesmo nome, tantas foram as dificuldades que Chico experimentou ao tocá-la no violão.

Assentamento (1997)

Chico Buarque

Quando eu morrer, que me enterrem na
beira do chapadão
— contente com minha terra
cansado de tanta guerra
crescido de coração

Tôo
[apud Guimarães Rosa]

Zanza daqui
Zanza pra acolá
Fim de feira, periferia afora
A cidade não mora mais em mim
Francisco, Serafim
Vamos embora
Embora

Ver o capim
Ver o baobá

Vamos ver a campina quando flora
A piracema, rios contravim
Binho, Bel, Bia, Quim
Vamos embora

Quando eu morrer
Cansado de guerra
Morro de bem
Com a minha terra:
Cana, caqui
Inhame, abóbora
Onde só vento se semeava outrora
Amplidão, nação, sertão sem fim
Ó Manuel, Miguilim
Vamos embora

Chico compôs a canção – que evoca Guimarães Rosa (Manuel, Miguilim) – depois de ter visto as fotos do livro *Terra*, do fotógrafo Sebastião Salgado com texto de José Saramago, cuja renda foi destinada ao MST (Movimento dos Trabalhadores Sem Terra). A música fez parte do CD que acompanhava o livro, lançado no dia 17 de abril, um ano após o massacre de trabalhadores sem terra em Eldorado dos Carajás. Em 1998, com novo arranjo, foi incluída no álbum *As cidades*.

Chico durante o desfile em que foi tema da Escola de Samba Estação Primeira de Mangueira.

1998

Cidade maravilhosa, és minha.
O poente na espinha das tuas montanhas
quase arromba a retina de quem vê,
de noite, meninas, peitinhos de pitomba

Em outubro, Lula perde mais uma vez a eleição para presidente – com o apoio de Chico, que assume a fama de pé-frio. Fernando Henrique é reeleito em primeiro turno, com 42,7% dos votos, contra 31,71% do candidato petista.

Pé-frio na política sim, mas não no carnaval. Após onze anos, a Estação Primeira de Mangueira vence o concurso de escolas de samba homenageando Chico Buarque.

Após concluir o segundo romance, *Benjamim*, Chico volta a compor para o CD *As cidades*, seu álbum que levou mais tempo para ser gravado, consumindo exatos catorze meses.

A ostra e o vento (1998)

Chico Buarque

Para o filme *A ostra e o vento*, de Walter Lima Jr.

Vai a onda
Vem a nuvem
Cai a folha
Quem sopra meu nome?
Raia o dia
Tem sereno
O pai ralha
Meu bem trouxe um perfume?
O meu amigo secreto
Põe meu coração a balançar
Pai, o tempo está virando
Pai, me deixa respirar o vento
Vento

Nem um barco
Nem um peixe
Cai a tarde
Quem sabe meu nome?
Paisagem
Ninguém se mexe
Paira o sol
Meu bem terá ciúme?
Meu namorado erradio
Sai de déu em déu a me buscar
Pai, olha que o tempo vira
Pai, me deixa caminhar ao vento
Vento

Se o mar tem o coral
A estrela, o caramujo
Um galeão no lodo
Jogada num quintal
Enxuta, a concha guarda o mar
No seu estojo

Ai, meu amor para sempre
Nunca me conceda descansar
Pai, o tempo vai virar
Meu pai, deixa me carregar o vento
Vento
Vento, vento
Vento

Não é incomum que Chico demore pra entregar uma encomenda. Ele adverte aos que lhe pedem uma música que ele é muito sério, mas o compositor não é confiável. É que muitas vezes a ideia custa a aparecer, como aconteceu com "Anos dourados" e tantas outras. Porém, neste caso foi diferente. Já na primeira conversa, quando o diretor Walter Lima Jr. lhe falou sobre a história da menina que se apaixonara pelo vento, mesmo antes de ver as imagens, Chico disse: "Waltinho, já tenho essa música". Era uma canção de ninar para o neto, cuja letra dizia: "Vai Chiquinho vai Chiquinho vem". Ele percebeu que havia vento na melodia. Assistindo ao primeiro corte do filme, viu a cena em que a menina escrevia o diário cujas páginas eram viradas pelo vento. Ocorreu-lhe então a ideia de fazer com que o vento batesse na própria música, provocando o deslocamento das palavras.

Letra escrita

Vai a onda
Vem a nuvem
Cai a folha
Quem sopra meu nome?
Raia o dia
Tem sereno
O pai ralha
Meu bem trouxe um perfume?

Na frase cantada

Vai a onda vem
a nuvem cai
a folha quem
sopra meu nome?
Raia o dia Tem
sereno O pai
ralha Meu bem
trouxe um perfume?

Carioca (1998)

Chico Buarque

Gostosa
Quentinha
Quem vai? Tapioca
O pregão abre o dia
Hoje tem baile funk
Tem samba no Flamengo
O reverendo num palanque
lendo o Apocalipse
O homem da Gávea criou asas
Vadia
Gaivota
Sobrevoa a tardinha
E a neblina da ganja
O povaréu sonâmbulo
Ambulando
Que nem muamba
Nas ondas do mar
Cidade maravilhosa
És minha
O poente na espinha
Das tuas montanhas
Quase arromba a retina
De quem vê
De noite
Meninas
Peitinhos de pitomba
Vendendo por Copacabana
As suas bugigangas
Suas bugigangas

A música, que canta o Rio de Janeiro real, com suas belezas e mazelas, foi composta como retribuição à Escola de Samba Estação Primeira de Mangueira, que o homenageara no carnaval daquele ano, chamando-o de "carioca da gema". Coisa que aliás ele nunca foi, por ter passado boa parte da vida dividido entre Rio e São Paulo. Após o desfile, entretanto, ele sentiu que havia recuperado a cidadania carioca.

Cecília (1998)

Luiz Claudio Ramos-Chico Buarque

Quantos artistas
Entoam baladas
Pras suas amadas
Com grandes orquestras
Como os invejo
Como os admiro
Eu, que te vejo
E nem quase respiro

Quantos poetas
Românticos, prosas
Exaltam suas musas
Com todas as letras
Eu te murmuro
Eu te suspiro
Eu, que soletro
Teu nome no escuro

Me escutas, Cecília?
Mas eu te chamava em silêncio
Na tua presença
Palavras são brutas

Pode ser que, entreabertos
Meus lábios de leve
Tremessem por ti
Mas nem as sutis melodias
Merecem, Cecília, teu nome

Espalhar por aí
Como tantos poetas
Tantos cantores
Tantas Cecílias
Com mil refletores
Eu, que não digo
Mas ardo de desejo
Te olho
Te guardo
Te sigo
Te vejo dormir

Chico explica que

Cecília é uma personagem imaginária. Na verdade, Cecília, como se sabe, é padroeira dos músicos. [...] Esse nome eu fiquei procurando. Precisava de um nome de mulher, e ele entrou exatamente por causa dessa sonoridade. É um nome sibilado, um nome sussurrado. O tempo todo aquele nome que você não pronuncia. Ele diz isso na letra. Na hora que chega o nome, é um nome que também não é dito. É Cecília (acentua os sons de s), com duas sibilações. É um nome soprado. [...] Mais adiante, [...] como não tem nenhuma labial, ele diz: "Pode ser que, entreabertos/ Meus lábios de leve/ Tremessem por ti". É um jogo, uma brincadeira com esse nome.

Eu presenciei o momento em que Chico se deu conta de que a brincadeira poderia suscitar outras questões. Voltando do Recreio dos Bandeirantes, ele me perguntou onde ficava Catanduva, minha cidade natal. Expliquei, e ele então indagou se era perto de Itápolis. Respondi que distava uns 55 quilômetros. Ele tirou as mãos do volante e deve ter dito um palavrão qualquer. Acabara de lembrar que o nome imaginário também era o de uma ex-namorada que teve no interior paulista por volta de 1965 – portanto, havia mais de trinta anos. O disco já estava gravado, e a brincadeira gerou no seu *site* oficial uma enxurrada de *e-mails* de moradores daquela cidade querendo saber se a musa era, de fato, a ilustre conterrânea.

Injuriado (1998)

Chico Buarque

Se eu só lhe fizesse o bem
Talvez fosse um vício a mais
Você me teria desprezo por fim
Porém não fui tão imprudente
E agora não há francamente
Motivo pra você me injuriar assim

Dinheiro não lhe emprestei
Favores nunca lhe fiz
Não alimentei o seu gênio ruim
Você nada está me devendo
Por isso, meu bem, não entendo
Porque anda agora falando de mim

Chico queria mais um samba para completar o álbum, que já tinha onze faixas. Pensou em gravar "Dura na queda", mas achou que não se encaixava nas características que o disco vinha tomando. Cogitou até em cantar música de outros compositores, como Geraldo Pereira, e finalmente decidiu ele mesmo fazer um samba como aqueles que fazia no início de carreira, "pra ser cantado com cerveja em mesa de bar". Essa é a história simples e prosaica da canção.

Mas não faltou quem visse nos versos de "Injuriado" uma resposta ao então presidente – e candidato à reeleição – Fernando Henrique Cardoso, que, no livro *Mundos em português*, em conversa com o ex-presidente de Portugal Mário Soares, resolveu tecer considerações sobre Chico: "quer ser crítico mas é repetitivo", ou é um artista da "elite tradicional" e outras coisas. Em 1994, Chico apoiou Lula para presidente, enquanto Caetano Veloso e Gilberto Gil ficaram com Fernando Henrique. Talvez por isso, no mesmo livro o ex-presidente se rasgue em elogios à dupla. Porém a tentativa anacrônica de reviver uma polarização falsa desde sua origem saiu como um tiro pela culatra. Os baianos, em uníssono, defenderam Chico.

Nas entrevistas que concedeu no lançamento do disco, Chico foi bombardeado com perguntas sobre o episódio. Afirmando que "Não gostaria que minha questão em relação ao governo se transformasse num caso pessoal [...] Porque seria uma maneira de banalizar uma posição política minha, que é de oposição há bastante tempo", ele arremata dizendo: "Isso é uma piada, só rindo. Primeiro, porque não fiquei injuriado com nada, segundo, porque nunca vou chamar Fernando Henrique de meu bem".

Iracema voou (1998)

Chico Buarque

Iracema voou
Para a América
Leva roupa de lã
E anda lépida
Vê um filme de quando em vez
Não domina o idioma inglês
Lava chão numa casa de chá

Tem saído ao luar
Com um mímico
Ambiciona estudar
Canto lírico
Não dá mole pra polícia
Se puder, vai ficando por lá
Tem saudade do Ceará
Mas não muita
Uns dias, afoita
Me liga a cobrar:
— É Iracema da América

Assim como a minissérie *Anos dourados*, o filme *For all*, de Luiz Carlos Lacerda e Buza Ferraz, também foi apressadinho e não esperou a composição ficar pronta. "O filme foi finalizado em três ou quatro meses, e a música me pediu sete", diz o autor. Mas Chico tomou emprestado o nome da personagem Iracema, uma moça que quer ir para a América – anagrama de Iracema –, para descrever os sonhos e dificuldades dos brasileiros nos Estados Unidos.

Sonhos sonhos são (1998)

Chico Buarque

Negras nuvens
Mordes meu ombro em plena turbulência
A aeromoça nervosa pede calma
Aliso teus seios e toco
O exaltado coração
Então despes a luva para eu ler-te a mão
E não tem linhas tua palma

Sei que é sonho
Incomodado estou, num corpo estranho
Com governantes da América Latina
Notando meu olhar ardente
Em longínqua direção
Julgam todos que avisto alguma salvação
Mas não, é a ti que vejo na colina

Qual esquina dobrei às cegas
E caí no Cairo, ou Lima, ou Calcutá
Que língua é essa em que despejo pragas
E a muralha ecoa

Em Lisboa
Faz algazarra a malta em meu castelo
Pálidos economistas pedem calma
Conduzo tua lisa mão
Por uma escada espiral
E no alto da torre exibo-te o varal
Onde balança ao léu minh'alma

Em Macau, Maputo, Meca, Bogotá
Que sonho é esse de que não se sai
E em que se vai trocando as pernas
E se cai e se levanta noutro sonho

Sei que é sonho
Não porque da varanda atiro pérolas

E a legião de famintos se engalfinha
Não porque voa nosso jato
Roçando catedrais
Mas porque na verdade não me queres mais
Aliás, nunca na vida foste minha

Havia muito tempo que Chico pensava fazer uma canção "escrita de dentro do sonho", e não simplesmente um relato. Ele admite que o fato de, finalmente, ter conseguido talvez se deva à experiência com a literatura, em que o sonho é uma constante nos dois primeiros romances (*Estorvo* e *Benjamim*). O título da canção é uma referência à peça *A vida é sonho*, de Calderón de La Barca, que tem os versos "Pois toda vida é sonho,/ e os sonhos sonhos são". Chama a atenção nessa faixa o belíssimo arranjo de Luiz Claudio Ramos, que utiliza instrumentos de cada uma das regiões onde o sonho se desenvolve.

Xote de navegação (1998)

Dominguinhos-Chico Buarque

Eu vejo aquele rio a deslizar
O tempo a atravessar meu vilarejo
E às vezes largo
O afazer
Me pego em sonho
A navegar

Com o nome Paciência
Vai a minha embarcação
Pendulando como o tempo
E tendo igual destinação
Pra quem anda na barcaça
Tudo, tudo passa
Só o tempo não

Passam paisagens furta-cor
Passa e repassa o mesmo cais
Num mesmo instante eu vejo a flor

Que desabrocha e se desfaz
Essa é a tua música
É tua respiração
Mas eu tenho só teu lenço
Em minha mão

Olhando meu navio
O impaciente capataz
Grita da ribanceira
Que navega pra trás
No convés, eu vou sombrio
Cabeleira de rapaz
Pela água do rio
Que é sem fim
E é nunca mais

Chico ganhou seu primeiro computador de Rubem Fonseca, no final da década de 1980, quando se preparava para escrever *Estorvo*. Tempos depois, comprou um PC Toshiba portátil e um computador de mesa. Com eles veio a mania, ou quase vício, de jogar paciência, esperando que baixasse alguma inspiração. E ela veio. Por que não fazer uma música exatamente sobre paciência? Tentou, tentou, mas não saiu nada. Foi quando se lembrou de que, na já famosa gaveta, havia uma fita que Dominguinhos gravara num quarto de hotel em São Luís do Maranhão e enviara dizendo tratar-se de um xote russo. Ele sabia que a canção tinha tudo a ver com paciência. Trabalhou na letra, chegou até a fazer uma frase musical, porque parecia que Dominguinhos não terminara a música e teria lhe enviado assim mesmo, como um rascunho.

Com o trabalho quase pronto, ligou para o celular do parceiro, receoso de que a canção já tivesse sido gravada ou entregue a outro letrista – afinal, a fita estava na gaveta havia quinze anos. Ao ouvir sua própria criação, o compositor pernambucano teria dito que, se Chico a gravasse como sendo somente sua, ele nunca se lembraria de tê-la composto.

Chico diz que a cena da gravação para o CD *As cidades* deveria ser filmada, porque parecia um pai que, reencontrando o filho depois de quinze anos, admite a paternidade, mas não se lembra de quando exatamente a criança nascera.

Chico na homenagem aos 35 anos
de carreira de Maria Bethânia.

2000/01

Guarde numa caixa preta a tímida canção, no fundo falso da gaveta do coração

Chico e Edu fazem as canções para a peça *Cambaio*, de João Falcão e Adriana Falcão, com direção musical de Lenine. A carreira da peça não foi das mais exitosas, mas o álbum com as músicas mereceu inúmeros elogios. Luis Fernando Verissimo, escritor e também músico, chegou a afirmar que lhe parecia um absurdo *Cambaio* não ter recebido todos os prêmios da indústria fonográfica naquele ano.

Dura na queda (Ela desatinou nº 2) (2000)

Chico Buarque

Perdida
Na avenida
Canta seu enredo
Fora do carnaval
Perdeu a saia
Perdeu o emprego
Desfila natural

Esquinas
Mil buzinas
Imagina orquestras
Samba no chafariz
Viva a folia
A dor não presta
Felicidade, sim

O sol ensolarará a estrada dela
A lua alumiará o mar
A vida é bela
O sol, a estrada amarela
E as ondas, as ondas, as ondas, as ondas

Bambeia
Cambaleia
É dura na queda
Custa a cair em si
Largou família
Bebeu veneno
E vai morrer de rir

Vagueia
Devaneia
Já apanhou à beça
Mas pra quem sabe olhar
A flor também é

Ferida aberta
E não se vê chorar

O sol ensolarará a estrada dela
A lua alumiará o mar
A vida é bela
O sol, a estrada amarela
E as ondas, as ondas, as ondas, as ondas

O subtítulo é uma referência à temática do desvario pós-carnaval, também presente em "Ela desatinou" (1968). Chico não sabe explicar os motivos pelos quais ela deixou, na última hora, de fazer parte do álbum *As cidades*. Parece até que o destino reservara a canção para uma intérprete digna de seu nome. Era Elza Soares, que sempre o saudava cantando "Elzaaaaa desatinooou".

Uma produtora pediu a Chico uma composição para o musical sobre a vida da cantora dura na queda. Pra dizer o mínimo, foi mãe ao 12 anos, viúva ao 18, sofreu o diabo quando se tornou mulher de Mané Garrincha, o grande ídolo das seleções de futebol de 1958 e 1962. Deu a volta por cima e continua na ribalta. Mas o destino foi ainda mais caprichoso nesse episódio: Elza acabava de se recuperar de um tombo que levara em 1999, e estava voltando aos palcos com 65 anos de idade. A canção fez parte do disco cujo nome se refere ao acidente que ela sofrera: *Do cóccix até o pescoço* (2002). Em 2006 Chico a incluiria no CD *Carioca*.

Ode aos ratos (2001)

Edu Lobo-Chico Buarque

Para o musical *Cambaio*, de Adriana e João Falcão

Rato de rua
Irrequieta criatura
Tribo em frenética
Proliferação
Lúbrico, libidinoso
Transeunte
Boca de estômago
Atrás do seu quinhão

Vão aos magotes
A dar com um pau
Levando o terror
Do parking ao living
Do shopping center ao léu
Do cano de esgoto
Pro topo do arranha-céu

Rato de rua
Aborígine do lodo
Fuça gelada
Couraça de sabão
Quase risonho
Profanador de tumba
Sobrevivente
À chacina e à lei do cão

Saqueador
Da metrópole
Tenaz roedor
De toda esperança
Estuporador da ilusão
Ó meu semelhante
Filho de Deus, meu irmão

Embolada*

Chico Buarque

Rato
Rato que rói a roupa
Que rói a rapa do rei do morro
Que rói a roda do carro
Que rói o carro, que rói o ferro
Que rói o barro, rói o morro
Rato que rói o rato
Ra-rato, ra-rato
Roto que ri do roto
Que rói o farrapo
Do esfarra-rapado
Que mete a ripa, arranca rabo
Rato ruim
Rato que rói a rosa
Rói o riso da moça
E ruma rua arriba
Em sua rota de rato

* Cantada na versão gravada no CD *Carioca*

A cantora Mônica Salmaso contou, durante um show, que soube de fontes fidedignas a seguinte história: escrevendo a letra, Chico percebeu que lhe faltavam informações sobre as características dos ratos, e ligou para o amigo Paulo Vanzolini, compositor e zoólogo:

– Vanzolini, aqui é o Chico. Eu estou escrevendo uma letra sobre ratos e queria que você me ajudasse a saber como eles são. O nariz, como é que é? É frio? Quente? Macio? Duro? E a pelagem?
– Ô Chico! Você mente tanto sobre mulher... Por que não inventa qualquer coisa também sobre os ratos?
– Pô, Vanzolini... Pelos ratos eu tenho o maior respeito.

Uma canção inédita (2001)

Edu Lobo-Chico Buarque

Para o musical *Cambaio*, de Adriana e João Falcão

Dentro do seu coração
Guarde esta canção inédita
Que num cantinho intocado
Será pra sempre inédita
Pode tudo consumir
O tempo que passa feroz
Mas esta valsa há de deixar pra nós

Fiz uma canção discreta
Só para você
Ninguém pode saber da letra
Que você lê

A música você desfruta
Os ouvintes não
Penetra a orelha e sai por outra
Cada refrão

Se outro amor surgir um dia, a valsa perde o ar
Definha
Mas se você descabeladamente me esperar
Sozinha no breu
Pé ante pé
Abra aos poucos o coração
E deixe
Ecoar nossa canção
E feche

Venha ouvir a valsa oca
Em primeira mão
Que a luva distraída toca
No violão

O público não acredita
Crítico não crê

Na inédita canção escrita
Só pra você

Se você beijar um outro, pode se partir
A valsa
Mas se roendo-as-unhasmente me quiser ouvir
Descalça no breu
Pé ante pé
Abra o peito bem devagar
E deixe
Sete notas a vibrar
E feche

Guarde numa caixa preta
A tímida canção
No fundo falso da gaveta
Do coração

É valsa pra se ouvir por dentro
Pra se ouvir a sós
Pra não se dissipar ao vento
Com minha voz

Com minha voz

Para o musical *Cambaio*, a dupla Edu-Chico compôs dez canções. Ironicamente, a única não inédita era esta, que já havia sido gravada com outra letra ("Casa de João de Rosa") para o balé *Dança da meia-lua*.

Chico tocando no Show de Verão da Mangueira de 2005, no Tom Brasil, em São Paulo.

2005/09

Lá não tem claro-escuro, a luz é dura,
a chapa é quente.
Que futuro tem aquela gente? Perdido em ti,
eu ando em roda.
É pau, é pedra, é fim de linha, é lenha,
é fogo, é foda

Em 2002 Lula consegue, após três tentativas, eleger-se presidente da República, vencendo o candidato José Serra, do PSDB. Chico apoia Lula, mas não comparece à grande festa da posse, em 1º de janeiro de 2003. Em setembro é lançado seu terceiro romance, *Budapeste*.

Em 6 de junho de 2005, estoura a maior crise do governo Lula, que ficou conhecida como o escândalo do mensalão, em que integrantes do governo foram acusados de pagar a parlamentares para que aprovassem as medidas de interesse do Executivo. O episódio provocou a renúncia do chefe da Casa Civil, o ministro José Dirceu, que posteriormente teve seu mandato de deputado cassado pela Câmara.

Em 2005-06, Chico participa da gravação de uma série de DVDs, dirigida por Roberto de Oliveira, sobre sua vida e sua obra. Em 2006, volta a apoiar a candidatura vitoriosa de Lula à reeleição.

Embebedado (2005)

Chico Buarque-José Miguel Wisnik

Pendurado de banda
No vão da varanda
Do prédio a rodar
Não sei mais se é o mundo
Que cai aos meus pés
Ou de pernas pro ar
Embebedado de você
Tonto na beirada da
Tentação de cair e voar
Até me aninhar em você

Mal parado num muro
Sem prumo em que estudo
Onde me equilibrar
Entre o chão e o barraco
De estrelas que cai
No que foi nosso lar
Abandonado por você
Louco querendo mamar
Do segredo da vida e gritar
Até me agarrar em você

Arrastado por dentro
Ao meu próprio espetáculo
Em tal patamar
Pela mão da sereia
Que vai se tornando
A sirene a soar
Convidado de luxo
A deixar a ribalta de amar
Pela escada de incêndio e baixar
Até me assistir escapar você

Muito embora indo embora
Eu mesmo mentindo
Devo argumentar:

Sou a sobra do efeito
Cascata da vodca
E desse luar

Composta originalmente por Chico para um musical italiano que acabou não acontecendo, a canção recebeu letra de Sergio Bardotti chamada "Risotto Nero", e pode ser ouvida na voz de Chico no DVD *Vai passar.*

A pedido de Mario Canivello, assessor de imprensa de Chico, a música foi entregue a José Miguel Wisnik, que fez nova letra em português para Gal Costa gravá-la em seu disco *Hoje* (2005).

As atrizes (2006)

Chico Buarque

Naturalmente
Ela sorria
Mas não me dava trela
Trocava a roupa
Na minha frente
E ia bailar sem mais aquela
Escolhia qualquer um
Lançava olhares
Debaixo do meu nariz
Dançava colada
Em novos pares
Com um pé atrás
Com um pé a fim

Surgiram outras
Naturalmente
Sem nem olhar a minha cara
Tomavam banho
Na minha frente
Para sair com outro cara
Porém nunca me importei
Com tais amantes
Os meus olhos infantis

Só cuidavam delas
Corpos errantes
Peitinhos assaz
Bundinhas assim

Com tantos filmes
Na minha mente
É natural que toda atriz
Presentemente represente
Muito para mim

Chico conta à revista *Trip* que a ideia surgiu depois de ele ter falado, para a gravação do DVD *À flor da pele*, sobre a sua infância e sua visita a Paris, quando tinha 10 anos. Citando Manuel Bandeira, ele diz como foi seu "primeiro alumbramento":

> *O maior impacto para mim naquela época foi ver mulheres com os peitos de fora. Não digo mulheres inteiramente nuas, mas tinha fotos de mulheres de peitos de fora nas bancas de revista. Nós passeamos à noite pelo Moulin Rouge, perto de Pigalle, e naquelas casas noturnas e cabarés havia fotos de mulheres quase totalmente nuas. Eu nunca tinha visto nada parecido, nunca tinha visto peito na minha vida. Na verdade, só os das minhas irmãs, mas isso não contava, elas não tinham peito, eram mais novas do que eu. Então aquele menino ficou deslumbrado com aquela coisa. Mais tarde, vieram aqueles filmes franceses, que eram proibidos para 18 anos, mas que às vezes a gente, com jeitinho, conseguia, com 15, 16 anos, entrar no cinema e ver. Ver Martine Carol e aquelas atrizes francesas, e mais tarde a Brigitte Bardot, nuas. E só existia isso em filme francês. Então escrevi essa música em cima dessas reminiscências de infância e adolescência, das atrizes nuas que me deixavam de boca aberta.*

Ela faz cinema (2006)

Chico Buarque

Quando ela chora
Não sei se é dos olhos pra fora
Não sei do que ri
Eu não sei se ela agora
Está fora de si
Ou se é o estilo de uma grande dama
Quando me encara e desata os cabelos
Não sei se ela está mesmo aqui
Quando se joga na minha cama
Ela faz cinema
Ela faz cinema
Ela é a tal
Sei que ela pode ser mil
Mas não existe outra igual

Quando ela mente
Não sei se ela deveras sente
O que mente pra mim
Serei eu meramente
Mais um personagem efêmero
Da sua trama
Quando vestida de preto
Dá-me um beijo seco
Prevejo meu fim
E a cada vez que o perdão
Me clama
Ela faz cinema
Ela faz cinema
Ela é demais
Talvez nem me queira bem
Porém faz um bem que ninguém
Me faz

Eu não sei
Se ela sabe o que fez

Quando fez o meu peito
Cantar outra vez
Quando ela jura
Não sei por que deus ela jura
Que tem coração
E quando o meu coração
Se inflama
Ela faz cinema
Ela faz cinema
Ela é assim
Nunca será de ninguém
Porém eu não sei viver sem
E fim

Delicadamente, o diretor Roberto de Oliveira foi esticando a série de DVDs (foram doze no total), e pediu a Chico uma música para o que viria a ser o DVD *Cinema*. A princípio o compositor disse: "Pô, mas eu já fiz", referindo-se a "As atrizes". Depois achou que, exatamente por ter feito, seria uma oportunidade de "trazer a ideia daquela fascinação pelas atrizes para hoje". Assim nasceu "Ela faz cinema", uma encomenda de Roberto de Oliveira – que também decidiu o seu título, no estúdio de gravação, já que Chico estava em dúvida entre "Faz cinema" e "Ela faz cinema".

Bolero blues (2006)

Jorge Helder-Chico Buarque

Quando eu ainda estava moço
Algum pressentimento
Me trazia volta e meia
Por aqui
Talvez à espera da garota
Que naquele tempo
Andava longe, muito longe
De existir
Tantos tristes fados eu compus
Quanto choro em vão, bolero, blues

Eis que do nada ela aparece
Com o vestido ao vento
Já tão desejada
Que não cabe em si

Neste crucial momento
Neste cruzamento
Se ela olhar para trás
É bem capaz de num lamento
Acudir ao meu olhar mendigo
Mas aquela ingrata corre
E a Barão da Torre e a Vinicius de Moraes
São de repente estranhas ruas
Sem o seu vestido ficam nuas
E ao vento eu digo
— tarde demais
Quando ela já não mais garota
Der a meia-volta
Claro que não vou estar mais nem aí

O contrabaixista Jorge Helder, que acompanha Chico nos shows desde 1993, costumava entregar canções para o letrista dizendo: "Esquece aquela que te dei há tantos anos e agora faz esta". Com "Bolero blues", entretanto, foi diferente. Deu um tiro certeiro. Ao entregá-la, foi logo afirmando que seria impossível letrá-la. O desafio estava lançado, e durante as gravações do CD *Carioca*, Chico resolveu surpreender o amigo com a letra para sua música. A cena comovente está registrada no DVD *Desconstrução*, um *making of* do disco, e mostra a emoção do contrabaixista, que foi às lágrimas ao receber o presente. Sem conhecer a letra, Jorge Helder havia dito que a composição era "tão triste, mas tão triste que chega a ser engraçada", e Chico pensou: "Que bom, então a letra está certa".

A canção tem ainda um outro mérito, e não pequeno: a de fazer Chico falar por intermináveis 73 segundos em um show. Na última apresentação de *Carioca* em São Paulo, ele contou que sonhara que num espetáculo só cantava "Bolero blues", dezenas de vezes. No início a plateia estranhava, mas depois de algumas repetições, passava a aplaudir a cada recomeço e a acompanhar o cantor.

Porque era ela, porque era eu (2006)

Chico Buarque

Para o filme *A máquina*, de João Falcão

Eu não sabia explicar nós dois
Ela mais eu, por que eu e ela
Não conhecia poemas
Nem muitas palavras belas
Mas ela foi me levando
Pela mão

Íamos tontos os dois assim ao léu
Ríamos, chorávamos sem razão
Hoje, lembrando-me dela
Me vendo nos olhos dela
Sei que o que tinha de ser se deu
Porque era ela
Porque era eu

Foi a primeira canção composta por Chico após ter escrito o romance *Budapeste*. Feita especialmente para o filme, é uma variação da frase "*Parce qu'était lui, parce qu'était moi*", utilizada pelo filósofo Michel de Montaigne para explicar a amizade entre ele e o escritor Étienne de La Boétie, morto precocemente. Chico diz, no DVD *Cinema*, que é a maneira "mais simples e mais definitiva de explicar o amor entre duas pessoas".

Sempre (2006)

Chico Buarque

Para o filme *O maior amor do mundo*, de Cacá Diegues

Sempre
Eu te contemplava sempre
Feito um gato aos pés da dona
Mesmo em sonho estive atento
Pra poder lembrar-te sempre
Como olhando o firmamento
Vejo estrelas que já foram
Noite afora para sempre

O teu corpo em movimento
Os teus lábios em flagrante
O teu riso, o teu silêncio
Serão meus ainda e sempre

Dura a vida alguns instantes
Porém mais do que bastantes
Quando cada instante é sempre

Até mesmo os mais zelosos guardiões da língua portuguesa estão sujeitos a alguns escorregões. E Chico não escapou da gozação dos músicos, que, no momento da gravação, perceberam o cacófato na frase "como um gato a sua dona", imediatamente substituída por "feito um gato aos pés da dona".

Outros sonhos (2006)

Chico Buarque

Sonhei que o fogo gelou
Sonhei que a neve fervia
Sonhei que ela corava
Quando me via
Sonhei que ao meio-dia
Havia intenso luar
E o povo se embevecia
Se empetecava João
Se emperiquitava Maria
Doentes do coração
Dançavam na enfermaria
E a beleza não fenecia

Belo e sereno era o som
Que lá no morro se ouvia
Eu sei que o sonho era bom
Porque ela sorria
Até quando chovia
Guris inertes no chão
Falavam de astronomia
E me jurava o diabo
Que Deus existia
De mão em mão o ladrão
Relógios distribuía
E a polícia já não batia

De noite raiava o sol
Que todo mundo aplaudia
Maconha só se comprava
Na tabacaria
Drogas na drogaria
Um passarinho espanhol
Cantava esta melodia
E com sotaque esta letra
De sua autoria

Sonhei que o fogo gelou
Sonhei que a neve fervia
E por sonhar o impossível, ai
Sonhei que tu me querias

Soñé que el fuego heló
Soñé que la nieve ardía
Y por soñar lo imposible, ay, ay
Soñé que tú me querías

Falando à revista *Trip* em abril de 2006, Chico diz:

Tem coisas também que vêm lá de trás, e emergem. "Outros sonhos" vem de um mote que meu pai cantava. A música acho que é chilena. Depois fui descobrir que os versos foram musicados por um autor chileno, mas também por um autor argentino. Tem um tango do Carlos Gardel que diz a mesma coisa. Enfim, esses versos são anônimos: "Soñé que el fuego helaba./ Soñé que la nieve ardía./ Y por soñar lo imposible,/ Soñé que tú me querías". Meu pai cantava muito isso [...] Cantava muito [...] quando eu era garoto. Mas, de repente, isso volta. Volta e começa a ficar te perseguindo, e fica um "tenho de fazer essa música".

Entretanto, o que gerou polêmica foram os versos "Maconha só se comprava/ Na tabacaria/ Drogas na drogaria", entendidos como uma crítica à ineficiência da política de combate às drogas. Sem fugir do assunto, ele diz à *CartaCapital* de 10-5-2006:

Acho tão inócuo culpar o consumidor ou pedir que ele se abstenha de consumir droga quanto o papa ou o Bush proporem a abstinência sexual como única alternativa para se prevenir contra a aids. A repressão policial também não produz resultados. É uma questão complicadíssima. Como é que se vai legalizar o comércio de drogas? Isso está sendo discutido em muitos outros lugares. No México, na Holanda... E aqui eu não vejo isso ser discutido. O problema não é levado a sério. Eu também não gosto de ficar pontificando. Não quero que a minha canção seja um hino, uma bandeira em defesa das drogas. Mas, de fato, eu acredito que é melhor legalizar as drogas. Traz menos danos à sociedade do que o tráfico. A tentativa de responsabilizar o consumidor é ingênua, mais ingênua que o sonho descrito na canção, que fala da maconha da tabacaria e das drogas da drogaria.

Também nessa letra os amigos identificaram uma cacofonia no verso "e me jurava o Diabo que Deus existia". Chico teve que ler várias vezes para perceber que o verso trazia embutida a palavra "mijo". Mas neste caso ele não cedeu, alegando que "o diabo só fala por cacófatos".

Subúrbio (2006)

Chico Buarque

Lá não tem brisa
Não tem verde-azuis
Não tem frescura nem atrevimento
Lá não figura no mapa
No avesso da montanha, é labirinto
É contrassenha, é cara a tapa
Fala, Penha
Fala, Irajá
Fala, Olaria
Fala, Acari, Vigário Geral
Fala, Piedade
Casas sem cor
Ruas de pó, cidade
Que não se pinta
Que é sem vaidade

Vai, faz ouvir os acordes do choro-canção
Traz as cabrochas e a roda de samba
Dança teu funk, o rock, forró, pagode, reggae
Teu hip-hop
Fala na língua do rap
Desbanca a outra

A tal que abusa
De ser tão maravilhosa

Lá não tem moças douradas
Expostas, andam nus
Pelas quebradas teus exus
Não tem turistas
Não sai foto nas revistas
Lá tem Jesus
E está de costas
Fala, Maré
Fala, Madureira
Fala, Pavuna
Fala, Inhaúma
Cordovil, Pilares
Espalha a tua voz
Nos arredores
Carrega a tua cruz
E os teus tambores

Vai, faz ouvir os acordes do choro-canção
Traz as cabrochas e a roda de samba
Dança teu funk, o rock, forró, pagode, reggae
Teu hip-hop
Fala na língua do rap
Fala no pé
Dá uma ideia
Naquela que te sombreia

Lá não tem claro-escuro
A luz é dura
A chapa é quente
Que futuro tem
Aquela gente toda?
Perdido em ti
Eu ando em roda
É pau, é pedra
É fim de linha
É lenha, é fogo, é foda
Fala, Penha

Fala, Irajá
Fala, Encantado, Bangu
Fala, Realengo...

Fala, Maré
Fala, Madureira
Fala, Meriti, Nova Iguaçu
Fala, Paciência...

O maestro Luiz Claudio Ramos, com Chico desde 1989, diz que sempre na última hora ele aparece com uma canção que geralmente é a chave de ouro. Não foi diferente com o CD *Carioca* e a música "Subúrbios", uma das últimas compostas. Durante as gravações, Chico percebeu que o Rio de Janeiro era citado em quase todas a faixas. Mas faltava uma que falasse do outro lado do Rio, os subúrbios, que muitas vezes nem sequer figuram nos mapas – mas que, com todos os seus problemas, conservam muitas das tradições, ao mesmo tempo que promovem a inovação com o hip hop e o rap. Terminada a canção é que Chico escolheu o nome do disco, que é, segundo ele, uma homenagem a São Paulo, onde era conhecido como Carioca.

Em março de 2009 chega às livrarias seu quarto romance, *Leite derramado.*

Cronologia

1944
No dia 19 de junho nasce, na Maternidade São Sebastião, no largo do Machado, Rio de Janeiro, Francisco Buarque de Hollanda, o quarto dos sete filhos do historiador e sociólogo Sérgio Buarque de Holanda com Maria Amélia Cesário Alvim.

1946
Sérgio Buarque de Holanda é nomeado diretor do Museu do Ipiranga, e a família transfere-se para São Paulo.

1949
O interesse pela música manifesta-se sob a forma de um álbum de recortes com fotos de cantores de rádio.

1953
A família muda-se para a Itália, onde Sérgio leciona na Universidade de Roma. Chico compõe suas primeiras "marchinhas de carnaval".

1954
A família volta ao Brasil.

1956/57

A família muda-se para um casarão na rua Buri, a poucos quarteirões do Estádio do Pacaembu, que Chico passa a frequentar regularmente.
Ingressa no Colégio Santa Cruz, de padres canadenses progressistas.

1958

Lê os clássicos da literatura francesa, alemã e russa.
Ingressa em um movimento religioso chamado Ultramontanos, precursor da organização ultraconservadora TFP (Tradição, Família e Propriedade).

1959

Para afastar o rapaz do movimento conservador, os pais o enviam por um semestre a um internato em Cataguases, no interior de Minas Gerais.
De volta a São Paulo, Chico participa da OAF (Organização Auxílio Fraterno), grupo religioso de caráter assistencialista que levava cobertores e alimentos para mendigos que dormiam nas calçadas.
É lançado o compacto de João Gilberto cantando "Chega de saudade", que arrebata definitivamente Chico para a música.
Chico compõe "Canção dos olhos", bem ao estilo de João Gilberto.

1961

Publica suas primeiras crônicas no jornal Verbâmidas, do Colégio Santa Cruz.
Aparece pela primeira vez na imprensa, porém, nas páginas policiais, por ter roubado com um amigo um carro para dar umas voltas pela cidade. Além de passar uma noite detido, foi proibido pelo juiz de sair sozinho à noite até que completasse 18 anos.

1963
Ingressa na FAU (Faculdade de Arquitetura e Urbanismo) da Universidade de São Paulo.

1964
Apresenta-se pela primeira vez em um show, no Colégio Santa Cruz. Compõe "Tem mais samba" (marco zero de sua carreira) para o musical *Balanço de Orfeu*.
No auditório do Colégio Rio Branco, participa do show *Primeira Audição*, mostrando, entre outras, a sua canção "Marcha para um dia de sol".

1965
Com "Sonho de um carnaval", participa do I Festival Nacional da Música Popular Brasileira, da TV Excelsior, mas não é premiado.
É lançado seu primeiro compacto, com "Pedro pedreiro" e "Sonho de um carnaval".
Aparece ao lado de Eva Wilma e John Herbert na novela *Prisioneiro do sonho*, da TV Tupi, sendo apresentado como um dos "craques da bossa nova".

Faz as músicas para o auto de Natal *Morte e vida severina*, do poeta João Cabral de Melo Neto, encenado pelo Tuca (Teatro da Universidade Católica) de São Paulo.
Recebe seu primeiro cachê – cerca de 30 dólares da época – por sua participação no espetáculo *O momento é a bossa*, promovido por Walter Silva, o "Picapau", no Cine Ouro Verde, de Campinas.

1966

Morte e vida severina ganha os prêmios de crítica e público no IV Festival de Teatro Universitário de Nancy, na França.
"A banda" divide com "Disparada", de Theo de Barros e Geraldo Vandré, o primeiro lugar no II Festival de Música Popular Brasileira, promovido pela Record. A composição é um sucesso imediato, tendo vendido mais de 100 mil cópias em uma semana.
Chico se muda para o Rio de Janeiro e lança seu primeiro LP pela RGE, *Chico Buarque de Hollanda*.

A música "Tamandaré", incluída no repertório do show *Meu refrão* (com o grupo MPB-4 e Odete Lara), é proibida por conter frases consideradas ofensivas ao patrono da Marinha.
Chico se torna o mais novo artista a gravar um depoimento para o Museu da Imagem e do Som.
Compõe as canções para a peça infantil *O patinho feio*, de Walter Quaglia.
Conhece Marieta Severo Lins, que lhe foi apresentada por Hugo Carvana.

1967

Apresenta, ao lado de Nara Leão, o programa musical *Pra ver a banda passar*, da TV Record, além de um programa diário na Rádio Jovem Pan.
Recebe, na Câmara Municipal, o título de Cidadão Honorário de São Paulo.
Participa como ator representando a si próprio no filme *Garota de Ipanema*, de Leon Hirszman, ao lado de Tom Jobim, Vinicius de Moraes, Nara Leão e Ronnie Von.

"Carolina" fica em terceiro lugar no II FIC (Festival Internacional da Canção), promovido pela Rede Globo.
"Roda-viva" se classifica em terceiro no III Festival da MPB, promovido pela TV Record.
Chico se recusa a participar de uma passeata contra a presença da guitarra elétrica na música brasileira.
Escreve a peça *Roda-viva*.
Sai seu segundo LP, *Chico Buarque de Hollanda – volume 2*.
Faz a música para o filme *O anjo assassino*, de Dionísio Azevedo.

1968

Participa, no Rio de Janeiro, da Passeata dos Cem Mil, em protesto contra a ditadura militar.
"Bom tempo" fica em segundo lugar na Bienal do Samba.
"Benvinda" vence o IV Festival da MPB da Record.
Um grupo do CCC (Comando de Caça aos Comunistas) invade o Teatro Galpão, em São Paulo, depredando as instalações e espancando atores e técnicos da montagem de *Roda-viva*.
Chico vence o Festival Internacional da Canção, com "Sabiá", em parceria com Tom Jobim.

Sai seu terceiro LP, *Chico Buarque de Hollanda – volume 3*.
Em dezembro, publica na *Última Hora*, de São Paulo, o artigo intitulado "Nem toda loucura é genial, nem toda lucidez é velha", respondendo às críticas que lhe eram feitas por seu apego ao samba tradicional.
Dias após a decretação do Ato Institucional nº 5, de 13 de dezembro, é detido e levado ao Ministério do Exército para prestar depoimento sobre a sua participação na Passeata dos Cem Mil e sobre as cenas exibidas na peça *Roda-viva*, consideradas subversivas.

1969

Participa da Feira da Indústria Fonográfica, em Cannes, na França.
Autoexila-se na Itália.
Nasce sua primeira filha, Silvia Severo Buarque de Hollanda.
Lança na Itália os LPs *Per um pugno di samba* e *Sambas do Brasil*, com arranjos de Ennio Morricone.
Chico e Toquinho acompanham a turnê da veterana Josephine Baker, fazendo a primeira parte do show.
Na Itália, convive com Garrincha, craque das seleções de futebol de 1958 e 1962.
Colabora com *O Pasquim*, um dos marcos do jornalismo brasileiro da época.

1970

Retorna ao Brasil em meio a muito "barulho", por recomendação de Vinicius de Moraes.
É lançado seu quarto LP – *Chico Buarque de Hollanda – volume 4*.
Show na Boate Sucata.
Chico lança o compacto com "Apesar de você". Depois de vender cerca de 100 mil cópias, a canção é censurada, o disco é retirado das lojas e a fábrica da gravadora é fechada.
Participa do Circuito Universitário – shows promovidos pelos centros acadêmicos das universidades.
Participa, ao lado do arquiteto Oscar Niemeyer, do editor Ênio Silveira e de seu próprio pai, entre outros, do Conselho do Cebrade (Centro Brasil Democrático), organização de intelectuais comprometidos com a luta contra a ditadura.
Nasce sua segunda filha, Helena Severo Buarque de Hollanda.

1971

A censura proíbe a canção "Bolsa de amores", sob a alegação de que a letra era ofensiva à mulher brasileira.
Junto com outros artistas, Chico cancela sua inscrição no VI Festival Internacional da Canção, da TV Globo, em protesto contra a censura e a tentativa de se utilizar o festival como veículo de propaganda a serviço da ditadura.
Lança o LP *Construção*, fenômeno de vendas na época.

1972
Participa como ator do filme *Quando o carnaval chegar*, de Cacá Diegues, ao lado de Maria Bethânia, Nara Leão e Hugo Carvana.
Com Ruy Guerra, faz a versão do musical *O homem de La Mancha*, de Dale Wasserman, com músicas de Mitch Leigh e Joe Darion, sucesso da Broadway em 1966 baseado em *Dom Quixote*.
Apresenta-se com Caetano Veloso no Teatro Castro Alves, em Salvador.

1973
Escreve, com Ruy Guerra, a peça *Calabar, ou o elogio da traição*. Proibida pela censura, a peça somente seria liberada muitos anos depois.
A censura proíbe, além de várias letras, também a capa do LP de mesmo nome.
Durante o show *Phono 73*, a gravadora impede que Chico e Gilberto Gil toquem, ainda que sem letra, a música "Cálice".
Lança o jogo Ludopédio – criado durante o período que passou na Itália –, uma brincadeira com times de futebol, rebatizado de Escrete, em 1982.

1974
Publica a novela *Fazenda modelo*.
Para driblar a censura, cria o personagem Julinho da Adelaide, que assina três composições ("Acorda amor", "Jorge Maravilha" e "Milagre brasileiro") e chega a dar uma longa entrevista para o jornal *Última Hora*, de São Paulo.
Impossibilitado de gravar suas próprias canções, lança o disco *Sinal fechado*, com músicas de outros compositores, exceção feita a "Acorda amor", assinada pelos personagens Leonel Paiva e seu irmão Julinho da Adelaide.

1975
Realiza uma longa temporada de shows no Canecão com Maria Bethânia.
Afasta-se dos palcos, limitando suas participações a shows em benefício de causas sociais, como os de 1º de Maio, promovidos pelo Cebrade (Centro Brasil Democrático).
Escreve, em parceria com Paulo Pontes, *Gota d'água*. A peça se torna um dos maiores sucessos de crítica e público.
Ganha o Prêmio Molière como melhor autor teatral por *Gota d'água*. Em protesto contra a censura, que proibira peças de vários autores, não comparece à cerimônia de entrega.
Nasce Heloisa Severo Buarque de Hollanda, sua terceira filha.

1976
Compõe "O que será", para o filme *Dona Flor e seus dois maridos*, de Bruno Barreto.
Sai o disco *Meus caros amigos*.

1977

Após seis anos distante da Rede Globo, a emissora utiliza sua canção "Maninha", na novela *Espelho mágico*.
Compõe "Feijoada completa" para o filme *Se segura, malandro*, de Hugo Carvana.
Escreve o texto e compõe as canções da peça *Ópera do malandro*, dirigida por Luiz Antônio Martinez Corrêa.

1978

Vai a Cuba pela primeira vez, como jurado do Premio Literario Casa de las Américas. Entra em contato com Pablo Milanés, Silvio Rodríguez e outros nomes da Nueva Trova Cubana, iniciando um processo de aproximação cultural entre os dois países.

Ao voltar ao Brasil, é detido pelo Dops junto com sua mulher, Marieta. O mesmo aconteceria com Antonio Callado e Fernando Morais, seus colegas de júri. Todos são obrigados a prestar depoimento sobre a viagem à ilha.
Estreia a peça *Ópera do malandro*.
Inaugura o Centro Recreativo Vinicius de Moraes, no Rio de Janeiro, local onde joga regularmente suas peladas e disputa campeonatos pelo Polytheama.
Lança o LP *Chico Buarque*.

1979

Compõe diversas músicas para cinema. Para *República dos assassinos*, de Miguel Faria Jr., faz "Sob medida" e "Não sonho mais". Para *Bye bye, Brasil*, de Cacá Diegues, a música de mesmo nome. Faz as canções para a peça *O rei de Ramos*, de Dias Gomes.

Lança *Chapeuzinho Amarelo*, o primeiro livro infantil de sua autoria, ilustrado por Donatella Berlendis.
A peça *Calabar* é liberada pela censura e estreia em São Paulo em 1980.
É lançado o álbum duplo *Ópera do malandro*.

1980

Faz as músicas para a peça *Geni*, de Marilena Ansaldi.
Participa da festa do Avante, órgão oficial do Partido Comunista Português.
Participa do Projeto Kalunga, em Angola, onde se apresenta, com mais 64 artistas brasileiros, por todo o país. A renda dos shows é destinada à construção de um hospital.
É lançado o documentário *Certas palavras com Chico Buarque*, do cineasta argentino Mauricio Berú.
Chico faz duas músicas para a peça *O último dos Nukupirus*, de Ziraldo e Gugu Olimecha.
Lança o LP *Vida*.

1981

Com Sérgio Bardotti, Antônio Pedro e Teresa Trautman, faz o roteiro do filme *Saltimbancos trapalhões*.
Lança o livro *A bordo do Rui Barbosa*, poema escrito entre 1963 e 64, com ilustrações do amigo Valandro Keating.
Lança os discos *Almanaque* e *Saltimbancos trapalhões*.

1982

Em parceria com Edu Lobo, compõe as canções para o balé *O grande circo místico*.
Morre Sérgio Buarque de Holanda, aos 79 anos de idade.

1983/84

Faz, com o cineasta Miguel Faria Jr., adaptação e roteiro para o filme *Para viver um grande amor*.
Participa ativamente da campanha Diretas Já, pelas eleições diretas para presidente da República. O samba "Vai passar", composto em 1983, torna-se uma espécie de hino do movimento.

1985

Trabalha na elaboração do roteiro e compõe novas canções para o filme *Ópera do malandro*, de Ruy Guerra.
Com Edu Lobo, compõe as músicas para a peça *O corsário do rei*, de Augusto Boal.

1986

Comanda, ao lado de Caetano Veloso, o programa de televisão *Chico e Caetano*, que permanece por sete meses na programação da Rede Globo, reunindo nomes expressivos da música popular brasileira, além de estrelas internacionais.
Compõe "As minhas meninas", para a peça *As quatro meninas*.

1987/88

Lança o disco *Francisco* e volta aos palcos dirigido por Naum Alves de Souza.
Em 1988, compõe com Edu Lobo as canções para o balé *Dança da meia-lua*.

1989

Compõe "Trapaças", para o filme *Amor vagabundo*, de Hugo Carvana.
A Companhia das Letras publica o songbook *Chico Buarque letra e música*, com prefácios de Tom Jobim e Eric Nepomuceno, e o texto "Gol de letras", de Humberto Werneck.

1990

Grava o especial *O país da delicadeza perdida* para a televisão francesa.
Lança o disco *Chico Buarque*.

1991/1992

O romance *Estorvo*, publicado pela Companhia das Letras, ganha o Prêmio Jabuti de literatura. Rapidamente é vendido para sete países: França, Itália, Inglaterra, Alemanha, Espanha, Estados Unidos e Portugal.

1993
Após quatro anos sem gravar, lança o CD *Paratodos*.

1994/1995
Em janeiro de 94 inicia a temporada de shows do CD *Paratodos*.
Participa da Campanha Nacional contra a Fome e pela Cidadania, do sociólogo Herbert de Souza, o Betinho.
Escreve o segundo romance, *Benjamim*.

1996
Nasce seu primeiro neto, Francisco Buarque de Freitas, filho de Helena Buarque e do músico baiano Carlinhos Brown.
Participa da Campanha pela Paz no Futebol.

1997
Participa do disco *Chico Buarque de Mangueira*, com regravações de clássicos dos compositores da escola e com "Chão de esmeraldas", em parceria com Hermínio Bello de Carvalho.
Com duas canções inéditas ("Levantados do chão" e "Assentamento") e duas regravações ("Brejo da Cruz" e "Fantasia"), grava um CD para o livro *Terra*, do fotógrafo Sebastião Salgado, com texto do escritor português José Saramago.

1998
É o homenageado no desfile em que a Mangueira se sagrou campeã do carnaval de 1998.
De Paris, escreve artigos para os jornais *O Estado de S. Paulo* e *O Globo* durante a Copa do Mundo.
O CD *As cidades*, com sete canções inéditas e quatro regravações, chega às lojas cinco anos depois de *Paratodos*.
Estreia a página oficial na internet: www.chicobuarque.com.br.
Nasce, em 23 de novembro, no Rio de Janeiro, Clara Buarque de Freitas, sua segunda neta, filha de Helena e Carlinhos Brown.

1999
Durante um ano, percorre o Brasil com o show *As cidades*. Segue em turnê pelo exterior, apresentando-se na Argentina, no Uruguai, em Portugal, na França, na Inglaterra e na Itália. Lança o CD *Chico ao vivo*, um álbum duplo com 29 músicas do show *As cidades*.

2000
O filme *Estorvo*, de Ruy Guerra, concorre à Palma de Ouro do 53º Festival Internacional de Cinema de Cannes. Traz no elenco o cubano Jorge Perugorría e os brasileiros Bianca Byington, Leonor Arocha e Tonico Oliveira.
Em 31 de março, recebe o Prêmio Roma-Brasília – Cidade da Paz, conferido pelo prefeito de Roma, Francesco Rutelli.

2001
Põe letra nas canções de Edu Lobo para a peça *Cambaio*, de Adriana e João Falcão.
Lança o DVD *Chico e as cidades*.

2002
Sai pela BMG o CD *Duetos*, que reúne catorze das mais de duzentas participações de Chico cantando com Elza Soares, Mestre Marçal, Ana Belén, Nara Leão, Zeca Pagodinho, Sergio Endrigo, Nana Caymmi, Johnny Alf, Pablo Milanés, João do Vale, Dionne Warwick, Miúcha, Tom Jobim e Elba Ramalho.
É lançada a caixa *Construção*, que reúne os 21 álbuns publicados entre 1966 e 1985 e traz de bônus um CD com dezenove outras canções, em sua maior parte duetos com outros artistas (Elis Regina, Fagner, Toquinho, Nara Leão, Milton Nascimento, Djavan, MPB-4, Nara Leão, Pablo Milanés, Trio Esperança, Quarteto em Cy e Zizi Possi).

2003
Chega aos cinemas o filme *Benjamim*, dirigido por Monique Gardenberg, tendo no elenco Paulo José, Cleo Pires, Danton Mello e Chico Diaz, e no qual Chico Buarque faz uma pequena aparição.
A Companhia das Letras publica *Budapeste*, seu terceiro romance. O livro fica na lista de mais vendidos por diversos meses e, na sequência, é traduzido para mais de seis idiomas.
O documentário *Chico ou O país da delicadeza perdida* (1990), dirigido por Walter Salles e Nelson Motta, é lançado em DVD pelo selo Videofilmes Produções Artísticas.

2004
É inaugurada na Biblioteca Nacional, Rio de Janeiro, a exposição *Chico Buarque: o tempo e o artista*, com curadoria de Zeca Buarque Ferreira.

2005
O jornal *Le Nouvel Observateur* o considera um dos melhores escritores da América do Sul.

2006
Participa, junto com Caetano Veloso, do filme *Fados*, do cineasta Carlos Saura.
Lança o CD *Carioca*.

2007
Excursiona com o show *Carioca*.
São lançados o CD e o DVD do show *Carioca ao vivo*.

2008
Começa a escrever seu quarto romance.

2009
Lança o romance *Leite derramado*.

Bibliografia

BARROS E SILVA, Fernando de. *Folha explica Chico Buarque.* São Paulo: Publifolha, 2004.

BEZERRA DE MENESES, Adélia. *Desenho mágico: Poesia e política em Chico Buarque.* São Paulo: Ateliê, 2000.

BOTKAY, Caique. *Achados e perdidos.* Rio de Janeiro: Nova Fronteira, 2002.

BUARQUE FERREIRA, Zeca & ZAPPA, Regina. *Chico Buarque: O tempo e o artista.* Rio de Janeiro: Biblioteca Nacional, 2004.

CABRAL, Sérgio. *Antonio Carlos Jobim: Uma biografia.* Rio de Janeiro: Lumiar, 1997.

CHEDIAK, Almir. *Songbook Chico Buarque.* Rio de Janeiro: Lumiar, 1999.

FERNANDES, Rinaldo de (org.). *Chico Buarque do Brasil.* Rio de Janeiro: Garamond, 2004.

GASPARI, Elio. *A ditadura envergonhada: As ilusões armadas.* São Paulo: Companhia das Letras, 2002.

__________. *A ditadura escancarada: As ilusões armadas.* São Paulo: Companhia das Letras, 2002.

__________. *A ditadura derrotada: As ilusões armadas.* São Paulo: Companhia das Letras, 2003.

__________. *A ditadura encurralada: As ilusões armadas.* São Paulo: Companhia das Letras, 2004.

HOMEM DE MELLO, Zuza. *A era dos festivais: Uma parábola.* São Paulo: Editora 34, 2003.

__________ & SEVERIANO, Jairo. *A canção no tempo: 1958-1985.* São Paulo: Editora 34, 1998.

ROSSI, Fred. *Chico Buarque: Anotações com arte.* São Paulo: Fred Rossi, 2006.

SILVA, Walter. *Vou te contar: Histórias de música popular brasileira.* São Paulo: Códex, 2002.

VELOSO, Caetano. *Verdade tropical.* São Paulo: Companhia das Letras, 1997.

WERNECK, Humberto. *Chico Buarque: Tantas palavras.* São Paulo: Companhia das Letras, 2007.

ZAPPA, Regina. *Chico Buarque: Para todos.* Coleção Perfis do Rio. Rio de Janeiro: Relume Dumará/Prefeitura do Rio de Janeiro – Secretaria Municipal de Cultura/ RioArte, 1999.

__________. *Cancioneiro Chico Buarque: Biografia.* Rio de Janeiro: Jobim Music, 2008.

__________ & VEIGA, Bruno. *Chico Buarque: Cidade submersa.* Rio de Janeiro: Casa da Palavra, 2006.

Sites

www.chicobuarque.com.br

Agradecimentos

Alexandre Pelegi
Ana Elisa Valente Homem
Ana Paula Granello
André Co
Cecília Scharlak
Chico Buarque
Cyntia Graziella Tirolli
Guilherme Tauil
Horton José Coura Pinto Filho
Humberto Werneck
José Geraldo Soares de Mello
Leonel Prata
Luan Granello Singh
Márcia Leitão
Marilda Ferreira
Mario Canivello
Odair Cordeiro
Pascoal Soto
Regina Zappa
Sérgio Nogueira
Silvio Lancellotti
Talles Rodrigues Alves
Vinicius França

Índice onomástico

Índice das canções

Créditos das canções

© BMG PUBLISHING BRASIL LTDA. / © MAROLA
Leve

© CARA NOVA EDITORA MUSICAL
A Rosa; Acorda, amor; Angélica; Apesar de você; Atrás da porta; Bárbara; Basta um dia; Bastidores; Bolsa de amores; Cala a boca, Bárbara; Cálice; Construção; Corrente (Este é um samba que vai pra frente); Desalento; Deus lhe pague; Essa passou; Fado Tropical; Feijoada completa; Flor da idade; Folhetim; Geni e o zepelim; Gente humilde; Ilmo. Sr. Ciro Monteiro ou Receita pra virar casaca de neném; Jorge Maravilha, Léo, Linha de montagem; Luisa; Mambordel; Maninha; Milagre brasileiro; Minha história (Gesù bambino); Morena de Angola; Mulheres de Atenas; O cio da terra; O que será (À flor da pele); O que será (À flor da terra); Olha, Maria; Olhos nos olhos; Partido alto; Pois é; Primeiro de maio; Sabiá; Samba de Orly; Tanto mar; Trocando em miúdos; Valsinha; Vence na vida quem diz sim

© CRISTÓVÃO BASTOS / © MAROLA
Todo o sentimento

© DOMINGUINHOS / © MAROLA
Tantas palavras; Xote de navegação

© EDITORA MUSICAL ARLEQUIM LTDA.
Ano-novo; Benvinda; Bom tempo; Carolina; Com açúcar, com afeto; Ela desatinou; Januária; Juca; Lua cheia; Meu refrão; Morena dos olhos d'água; Noite dos mascarados; O que será (Abertura); Quem te viu, quem te vê; Retrato em branco e preto; Roda-viva; Sonho de um carnaval; Tem mais samba; Um chorinho

© EMI MUSIC PUBLISHING BRASIL / © MAROLA
Você, você (Uma canção edipiana)

© ENRIQUEZ / © BARDOTTI / © MAROLA
Meu caro barão

© FERMATA DO BRASIL
A banda; Olê, olá; Pedro pedreiro

© FRANCIS HIME / © MAROLA
Vai passar

© HERMÍNIO BELLO DE CARVALHO / © MAROLA
Chão de esmeraldas

© JOÃO BOSCO / © MAROLA
Mano a mano

© JOBIM MUSIC / © MAROLA
Anos dourados; Dis-mois comment - versão de "Eu te amo"; Imagina; Piano na Mangueira

© JORGE HELDER / © MAROLA
Bolero blues

© LOBO MUSIC PRODUÇÕES ARTÍSTICAS LTDA. / © MAROLA
A história de Lily Braun; Beatriz; Choro bandido; Moto-contínuo; Ode aos ratos; Uma canção inédita; Valsa brasileira

© LUIZ CLAUDIO RAMOS / © MAROLA
Cecília; Outra noite

© MAIANGA PRODUÇÕES CULTURAIS LTDA. / © MAROLA
Embebedado

© MAROLA
A foto da capa; A mais bonita; A ostra e o vento; A volta do malandro; A voz do dono e o dono da voz; As atrizes; As cartas; As minhas meninas; Assentamento; Cantando no toró; Carioca; De volta ao samba; Dura na queda (Ela desatinou nº 2); Ela faz cinema; Futuros amantes; Injuriado; Iracema voou; Mil perdões; Morro Dois Irmãos; O futebol; O velho Francisco; Outros sonhos; Palavra de mulher; Paratodos; Pelas tabelas; Porque era ela, porque era eu; Sempre; Sonhos sonhos são; Suburbano coração; Subúrbio; Tamandaré

© NATASHA / © MAROLA
Como um samba de adeus

© SERGIO GODINHO / © MAROLA
Um tempo que passou

© TONGA / © BMG
Samba para Vinicius

© TREVO EDITORA MUSICAL / © MAROLA
E se; Meu caro amigo; Passaredo; Pivete

© WARNER CHAPPELL / © CARA NOVA EDITORA MUSICAL
Bye bye, Brasil

O autor e a editora buscaram entrar em contato com todos os responsáveis pelos direitos autorais das canções mencionadas na obra, mas em alguns casos não obtiveram êxito. A editora se compromete, no entanto, a dar os devidos créditos àqueles que posteriormente vierem a se manifestar.

Créditos das imagens

ACERVO U. H. / FOLHA IMAGEM
Página 188

AGÊNCIA ESTADO / AE
Página 50

AVANI STEIN / FOLHA IMAGEM
Página 222

© BETTMANN / CORBIS / CORBIS (DC) / LATINSTOCK
Página 196

CLAUDIO FREITAS / FOLHA IMAGEM
Página 246

FOLHA IMAGEM
Páginas 16, 62, 76, 104, 122, 130, 138, 154, 164, 178, 234, 240

LUIZ A. NOVAES / FOLHA IMAGEM
Página 212

MANOEL PIRES / FOLHA IMAGEM
Página 206

ORLANDO ABRUNHOSA
Capa

OTAVIO DIAS DE OLIVEIRA / FOLHA IMAGEM
Página 276

RAIMUNDO VALENTIM / AE
Página 286

ROGÉRIO CASSIMIRO / FOLHA IMAGEM
Página 306

Este livro foi composto em
Helvetica Neue e Prestige Elite
para Leya em outubro de 2009.